北京师范大学教育学部2015年度
学科建设综合专项资金资助

在线教育的路径选择与质量保障

白滨　著

U0825784

高等教育出版社·北京

内容提要

本书以在线教育的质量为切入点，采用质性研究方法，通过对中英两国在线教育49位专业人员的访谈，以及对60余万字的中英文访谈数据的分析，对中国和英国在线教育不同的路径选择及其背后深层次原因进行了探索。本书揭示了保证在线教育质量的四个关键性要素：课程与资源、学习支持服务、质量管理和在线教育教师，并对其子要素进行了深入的研究。作者通过中外比较和大量一手资料的分析，为在线教育教育发展道路的选择和质量保障提供了参照性方案，对其他形式教育的发展也具有很好的借鉴意义。

图书在版编目（CIP）数据

在线教育的路径选择与质量保障 / 白滨著. -- 北京：高等教育出版社，2019.3

ISBN 978-7-04-051373-8

Ⅰ. ①在… Ⅱ. ①白… Ⅲ. ①网络教育—研究 Ⅳ. ① G434

中国版本图书馆 CIP 数据核字（2019）第 036307 号

策划编辑 梁宝贵　责任编辑 梁宝贵　封面设计 顾 斌　版式设计 马敬茹
插图绘制 于 博　责任校对 李大鹏　责任印制 赵义民

出版发行 高等教育出版社
社　　址 北京市西城区德外大街 4 号
邮政编码 100120
印　　刷 中国农业出版社印刷厂
开　　本 787mm × 960mm 1/16
印　　张 14.25
字　　数 260 千字
购书热线 010-58581118
咨询电话 400-810-0598
网　　址 http://www.hep.edu.cn
　　　　 http://www.hep.com.cn
网上订购 http://www.hepmall.com.cn
　　　　 http://www.hepmall.com
　　　　 http://www.hepmall.cn
版　　次 2019 年 3 月第 1 版
印　　次 2019 年 3 月第 1 次印刷
定　　价 47.80 元

物 料 号 51373-00

目　　录

绪　论

一、研究缘起

我国自从 1998 年开展“现代远程教育工程”试点以来，教育部已批准 68 所普通高校和中央电大开展现代远程教育试点工作。2012 年，国家开放大学、北京开放大学、上海开放大学、云南开放大学、江苏开放大学、广东开放大学六所国家级和省级开放大学相继成立。① 根据教育部官方网站公布的数据，截止到 2016 年，我国在线教育本专科在校生人数为 644.9 万人，其中本科生人数为 233.9 万人，专科生人数为 411.0 万人，在线教育在校高等教育学生人数占全国高等教育在校学生总数的 15.42%②。在线教育不但在我国高等教育体系中占有一席之地，还在迅猛发展，为我国高等教育大众化和学习型社会建设做出了重要贡献。与此同时，在线教育的质量也越来越受到政府、教育研究者和社会各界的关注。

质量是在线教育的生命线。在英美等发达国家，在线教育已经逐步取得与校内教育同样的地位，作为一种教育手段，在线学习者获得的学历和文凭与在校学习所获等值。以英国为例，英国开放大学是英国唯一一所致力于开放与远程教育的大学，尽管采用的是在线教育的方式，但是英国开放大学以其优异的教学质量而著称，在英国历次高等教育的评比中，开放大学的教育质量均在全英高校中名列前茅。

与发达国家相比，中国在线高等教育尽管经过 20 年的发展，但是仍没有取得与传统高等教育相同的地位，在线高等教育的社会认可度还不高，学习

---

① 注：我国自1998年开展现代远程教育工程以来，有68所普通高校先后建立了网络教育学院，成立了包括国家开放大学在内的6所开放大学，但从业人员和社会对“网络教育”和“开放教育”的名称不统一，本书统一采用“在线教育”的名称，同时指代网络教育和开放教育这两种类型的教育。

② 教育部关于我国高等教育2016年度各级各类学历教育学生情况的统计[EB/OL]. http://www.moe.gov.cn/s78/A03/moe_560/jytjsj_2016/2016_qg/201708/t20170823_311668.html. [2017-11-17].

者所获得的证书上需要加盖“在线教育”或者“成人教育”字样以示区别。这其中的原因很多，既有我国高等教育的历史原因，也有我国在线教育发展不成熟，相关制度与管理手段尚不健全的现实原因。其中最核心的问题就是教育质量。

二、研究问题

质量本身是一种价值判断,在线教育质量研究又是一个非常宽广的问题域，值得研究的问题很多，在具体的研究过程中，对于这样一个相对宏大的选题，需要选择一个比较恰当的切入点。

同样是在线教育，为什么中国在线教育的质量不甚理想，而英国开放大学的教育质量能够得到有效的保障？中英两国的在线教育在哪些方面有差异，保障在线教育质量是否有一些共同性的内容？

基于这样的考虑，本研究以中英两国在线教育为研究对象，以在线教育的质量观和质量保障的关键要素为切入点，探索在线教育质量保障的普遍规律。质量观决定着质量的目标和方向，属于观念层面的问题；质量保障的关键要素决定着在线教育质量保障过程中的重要工作和关键环节,属于操作层面的问题。这两个问题既是在线教育质量保障研究的核心问题，也是任何一个国家在线教育发展必须要思考和解决的重大问题，具有重要的理论和现实意义。因此，本研究选择了四个具体的问题进行研究：

- 中国在线教育的质量观
- 英国在线教育的质量观
- 中国在线教育质量保障的关键要素
- 英国在线教育质量保障的关键要素

三、研究意义

本研究对在线教育质量保障具有重要的现实意义。在研究过程中，研究者首先对目前中国在线教育质量保障研究的现状作了相对全面的文献梳理，对中国在线教育系统的两大组成部分——开放大学系统和网络学院系统的 32 位专业人员做了深度访谈，发掘出现阶段中国在线教育的质量观与质量保障的关键要素，为中国在线教育在整个高等教育中的合理定位提供了依据。通过揭示现阶段中国在线教育质量保障中遇到的困难和问题，分析产生这些问题的深层次原因，探索解决这些问题的途径。

其次，本研究深入地分析了英国开放大学质量保障的实践和成功经验。作为世界远程教育实践成功典范的英国开放大学，经过近50年的发展，积累了非常多的成功经验。研究者曾两次赴英国开放大学，在英国专家的指导下进行实地研究，对开放大学的整体情况和质量保障机制有了较为直观的了解。通过对开放大学的17位专业人员的现场访谈，揭示了英国在线教育的质量观和质量保障关键要素，对于我们了解英国开放大学及其质量保障现状具有较好的实践意义。

此外，本研究还具有重要的理论意义。教育质量观研究属于教育哲学的研究范畴，对在线教育质量观的研究，必须关注在线教育的价值观，关注与在线教育有关的基础理论问题，如在线教育的定位，在线教育的基本性质、在线教育的目的和价值等理论问题。通过对在线教育质量观的研究能够进一步加深人们对在线教育的本质、目的和意义等基本理论问题的认识。通过对中英两国在线教育质量保障关键要素的研究，在借鉴现有的研究成果和深入分析访谈所得到的一手数据的基础上，本研究力图对在线教育的原理与基本理论作进一步的探索。

四、本研究的核心概念

（一）在线教育

在线教育是指学生通过计算机网络媒介而获得各类教育资源，在师生时空相对分离的情境下进行的教育活动。在线教育隶属于远程教育的范畴，是指远程教育中继函授、广播和电视等多媒体教育之后的第三代远程教育。在国内，与在线教育联系最为密切的一个概念是现代远程教育。1999年11月，教育部在《现代远程教育资源建设指南》中指出："现代远程教育是利用网络技术、多媒体技术等现代信息技术手段开展起来的教育形式。"[①] 丁兴富教授认为，现代远程教育主要指的是普通高等学校开展"以双向交互卫星电视和计算机网络为技术基础"的网络教育。[②] 本文认同这一概念，文中的在线教育同指我国的现代远程教育。

值得一提的是，在英国开放大学，在线教育这一术语并没有得到普遍的使用，更常用的是开放与远程教育这一术语。但是从实际情况看，目前的开放与远程教育也主要通过计算机网络的技术手段，在师生时空分离的情况下开展的教育活动，在内涵上与中国在线教育一致。因此，本文统一使用"在线教育"这一术语指代目前中英两国的远程教育。

---

① 丁兴富. 远程教育研究[M]. 北京：首都师范大学出版社，2002:187.

② 丁兴富. 远程教育学[M]. 北京：北京师范大学出版社，2001:121.

此外，在中国现代远程教育试点工程中，普通高校的网络教育学院使用“网络教育”这一术语，开放大学系统则使用“开放教育”这一术语，访谈内容摘录中，可看到受访者频繁使用“网络教育”“开放教育”这类术语，在本研究中三者内涵一致，均作为“在线教育”理解。

从办学层次上看，本文的研究对象是在线高等教育，根据培养目标不同，在线高等教育又分为学历教育与非学历教育，本文的研究对象是在线高等教育中的学历教育。

（二）质量

从语义学的角度看，“质量”一词的含义是比较清晰的。英语“quality”一词源于拉丁文，指某一给定实体的性质，只描述事实，不作价值判断或好坏区分。随着时间的推移，质量的定义中出现了价值判断的成分，质量已经含有评价的意思。《朗曼现代英语词典》解释为“grade，degree of excellence”，意思是“优秀的等级或程度”。《汉语大词典》对质量的解释是“事物、产品或工作的优劣程度”①。

从哲学的角度看，“质量”是一对矛盾的范畴。质是指事物在性质上区别于其他事物的内在规定性；量是指事物存在的规模、运动的速度、发展的程度等，表现为不同数量的规定性。任何质都是具有一定量的质，不同质的事物具有不同的量和量的界限。在这里，“质量”具有辩证发展的特性，需要在动态中对其进行分析、比较和判断。

从管理学的角度看，“质量”是“一种与能满足或超过期望的产品、服务、人员、过程和环境相联系的动态的状态。”②也就是说，质量不仅指提供的产品或服务，也包括提供产品或服务的人员、过程和环境，质量还会随时间的推移和环境的改变而改变，是一个动态的过程。质量是产品或服务内在特性或外部特性的总和，以此构成其满足给定需求的能力。

本研究参考了上述三方面对质量的描述，将质量定义为：固有特性满足需要的程度。该定义强调了两个方面，一方面，质量客体本身需要具有一定的特性和能力，是质量本身所固有的，反映了其本质属性；另一方面，质量客体要满足主体的需要，其有用性与主体的评价有关，是其价值属性。

（三）教育质量

《教育大辞典》认为，教育质量是指“教育水平高低和效果优劣的程度”，“最终体现在培养对象的质量上”。“衡量的标准是教育目的和各级各类学校

① 汉语大词典编辑委员会. 汉语大词典普及本[M]. 上海：汉语大词典出版社，2000:16-35.

② 赵中建. 高等教育全面质理的概念框架[J]. 外国教育资料，1997(5):37-42.

的培养目标。前者规定培养对象的一般质量要求，亦是教育的根本质量要求，后者规定培养对象的具体质量要求，是衡量人才是否合格的质量规格。"[①] 按照这一解释，教育质量标准可以分为两个层次，一个是一般的基本质量要求，另一个是具体的人才合格标准。对高等教育来说，前者所指的是包括在线教育在内的教育的一般培养目标，后者所指的是依据各级各类教育的具体培养目标所规定的质量要求，是衡量所培养的人才是否合格的质量规格。

质量实质上是对于某一客体是否满足特定主体需要及其程度所做出的肯定性价值判断。因此，在线教育的质量就是指在线教育的固有特性满足其相关利益者需要的程度，但是这里的相关利益者包含多种含义。既可以是在线教育的对象——在线学习者；也可以指在线教育机构——在线教育的提供者；还可以指在线教育的服务对象——政府和社会。

虽然上述三个方面都是在线教育的相关利益者，但是在线教育主要是由教育机构实施的，而在教育机构中，作为质量观的主体中的教育者这个群体相对更为重要些，因此本研究选择了在线教育专业人员的视角作为研究的切入点。

（四）质量保障

教育中的质量保障概念是从工业质量领域中"租借"而来。质量保障、质量控制等术语均来自工业生产中对产品质量的控制。尽管工业质量管理思想的ISO9000质量管理体系和TQM（Total Quality Management，全面质量管理）等至今仍对教育质量保障影响很大，但是与工业质量保障相比，教育领域中的质量保障在内涵与外延上都发生了很大的变化。

英国高等教育质量保障署对教育质量保障的定义为：质量保障是为维持并提高教学、学术及科研，以及学生学习的质量和标准的全部体系、资源及信息的总和。[②] 这一定义涵盖了与质量有关的各种因素，从多维的角度阐释了影响质量形成的多个环节。亚当·格林（Adam Green）认为，教育质量保障是指"特定的组织为向学生和社会保障教育的质量，根据一定的质量标准体系，按照一定程序，对教育质量进行的控制、审核和评估。"[③] 苏秦认为教育质量保障的实质是通过建立质量体系及通过质量保障活动，把教育者和教育的服务对象（顾客）联系起来，赢得尽可能多的国内外的教育"顾客"，使学校获得更大的发展。[④] 田恩舜则认为教育质量保障是指特定的组织根据一套质量标准体系，按照一定程序，对教育质量进行控制、审核和评估，并向学生和社会相关人士

① 顾明远. 教育大辞典（增订合编本）[M]. 上海：上海教育出版社，1998:798.
② 毕家驹. 进入21世纪的英国高等教育质量保证体系[J]. 交通高教研究，2004(4):15.
③ 吴文俊. 1949年以来我国高等教育质量保证体系的历史分析[J]. 辽宁教育研究，2003(11):23.
④ 苏秦. 我国高等教育质量保证的体系结构[J]. 高等工程教育研究，2001(2):48-50.

保障教育的质量，提供有关教育质量的信息，其基本理念是对学生和社会负责、保持和提高学校的教育质量水平、促进教育整体发展。[①] 对这一概念，可以从以下几个方面来理解与把握：首先，教育质量保障的主要目的在于促进质量的保持和提高，并向政府、雇主、学生及其家长等众多的教育利益关系人提供质量证据，证明教育机构提供的产品和服务的质量是可以信赖的，增强他们对教育质量的信心；其次，为了达到上述目的，必须通过一系列的特定政策和过程，如设立质量保障机构、制定质量标准、确立评估的方法和程序等。[②]

美国高等教育政策研究所（Institute for Higher Education Policy, IHEP）在《远程教育的质量保障》一文中指出：所谓远程教育的质量保障，就是远程教育机构或远程教育提供者设定质量目标，并依据质量目标对教育结果进行评价的方法和过程。评价过程涉及对学术内容、教学技术、教学资源、支持服务等方面，检查这些因素是否共同改善了学习环境，保障了学生的学业成就。[③]

本研究综合了上述观点，认为在线教育质量保障即在线教育机构为了维护和提高在线教育的质量，并向政府、市场、高校和学生等教育利益关系人提供质量证据，而根据一定的质量标准，按照一定程序，对教育质量进行的控制、审核和评估的过程。

五、研究方法

（一）文献研究法

本研究在文献分析方面，使用的资料主要来源于中英文专著、核心期刊、学位论文和研究报告。在研究范畴上，采用网络搜索引擎和传统文献检索相结合的方法，使用“网络教育质量”“远程教育质量”“网络教育质量保障”“远程教育质量保障”等中文关键词，和“quality assurance in online learning”“E-learning quality assurance”“quanlity assurance in distance education”“quality assurance in open and distance education”等英文关键词，使用北京师范大学电子资源库、英国开放大学图书馆资源库、CNKI 中国知识资源总库、ProQuest、ERIC 等学术搜索工具进行电子文献的检索。

---

① 田恩舜. 高等教育质量保证模式研究[M]. 青岛：中国海洋大学出版社，2007:23.

② 李汉邦，张循哲，罗伟青. “高等教育质量保障”与“高等教育质量保证”之概念辨析[J]. 湘潭大学学报（哲学社会科学版），2008(4):136-138.

③ Ronald A. Phipps, Jane V. Wellman, Jamie P. Merisotis .*Assuring Quality in Distance Learning: A Preliminary Review*[R]. Washington:Council for Higher Education Accreditation, 1998:5.

在中文纸质文献方面，本研究重点参考了近年来在线教育领域关于质量保障的硕博士学位论文 62 篇，中文专著 35 本和《中国远程教育》《中国电化教育》《开放教育研究》《现代远距离教育》《开放教育研究》《远程教育杂志》《现代远程教育研究》《现代教育技术》《电化教育研究》和《中国成人教育》等 10 种核心期刊，并做了较为深入的文献调研和分析，从在线教育质量观、在线教育质量保障系统、在线教育质量标准、在线教育质量评价、在线教育质量管理、在线教育质量保障的要素等维度对 500 多篇文献做了细致的分类和梳理。

在英文纸质文献方面，研究者重点参考了 6 种世界远程教育领域的权威期刊包括：《远程教育》（*Distance Education*），《欧洲开放、远程与电子化学习》（*European Journal of Open, Distance and E-learning*），《开放与远程教育研究评论》（*International Review of Research in Open and Distance Learning*），《远程教育杂志》（*Journal of Distance Education*），《美国远程教育》（*The American Journal of Distance Education*）和《开放学习》（*The Open Learning*），对这些期刊中关于在线教育质量保障研究的文献做了详细的分类和梳理，并参照了 12 个国家和 17 个国际组织的研究报告，43 篇英文学位论文和 50 种英文专著的研究成果。

通过对这些文献的研读，研究者对世界在线教育质量保障研究现状的整体脉络有了较为清晰的认识，并从中发现了本研究的核心研究问题——在线教育的质量观与质量保障的关键要素，在这些文献的基础上，完成了本研究的文献综述工作。同时，这些文献也为后续研究中数据分析框架和质量观影响因素模型的建立提供了有力的支持。

（二）访谈法

研究方法的选取是由研究问题决定的。本研究的研究对象是在线教育的质量观与质量保障的关键要素，而质量本身是一种价值判断，人们对于在线教育质量的认识和看法各异，因此本研究采用建立在解释主义理论基础之上的质性研究范式。它强调对事物进行深入细致的调查研究，再现当事人的视角，以描述和解释为主，而不是将重点放在验证假设、提出政策性建议和预测上。这对于呈现不同受访者对在线教育质量的看法和观点并解释纷繁复杂的质量问题尤为适用。

在具体研究方法上，本研究选用了半开放问题深度访谈的研究方法。在访谈过程中，随着双方交互会话的进行，问题不断地深化解释，本研究所涉及的复杂问题逐渐被揭示，所研究问题的本质和深层次信息得以呈现。半开放问题访谈方法既有结构性访谈内容固定、主题清晰的特点，又不失非结构性访谈的灵活性。半开放问题访谈的优点在于将访谈问题限定在一定的范围内，同时根据受访者的角色、知识背景和个人经历，不断调整涉及的问题，尽最大可能发掘有价值的信息。其缺点在于过于费时、费力，特别在后期的数据处理阶段，文本转录、编码分析都相当耗费时间和精力。此外，研究的质量还取决于访谈者的能力水平和受访者对所研究问题的认识。

在样本选择方面，本研究采用预先确定样本结构的方法，选取了我国在线教育的两大组成部分，即开放大学系统和网络学院系统，尽量将在线教育不同角色的专业人员均衡地填充到样本结构的各个单元，以便使各种角色都得到具有代表性的案例。①

对于我国开放教育系统，本研究选择了国家开放大学、北京开放大学、北京市海淀区广播电视大学和北京市朝阳区广播电视大学 4 所开放教育机构，它们能够反映我国开放教育的多级办学情况。对于网络学院系统，本研究选择了北京大学网络学院、北京语言大学网络学院、北京邮电大学网络学院、北京交通大学网络学院、华东师范大学网络学院、北京大学医学部网络学院、对外经贸大学网络学院、中国农业大学网络学院、弘成公共服务体系、奥鹏公共服务体系 10 所在线教育机构。其中开放大学系统受访人员 16 人，网络教育学院系统受访人员 16 人，共 32 位受访对象。在专业人员角色选择上，本研究选择了开放大学系统的管理者、科研人员、主持教师、责任教师、主讲教师、教学辅助人员、面授辅导教师和班主任等角色作为受访对象。同时，本研究选择了高校网络学院和奥鹏、弘成公共服务体系中的管理者、主讲教师、教学辅助人员、班主任等角色的专业人员作为受访对象。32 名受访者的访谈都是以面对面的方式进行。

为了揭示英国开放大学的质量观，展现其专业人员对自身教育质量的真实看法，研究者两次赴英国开放大学与英国专家一起进行研究，选取了开放大学学术辅助人员、核心学术人员、辅导教师和责任教师 4 类角色 17 位专业人员进行半开放问题的深度访谈。② 在 17 位受访者中，除了对 1 名受访者采用电话访谈的方式外，其他 16 名受访者的访谈都是以面对面的方式进行。经受访者同意，研究者对所有访谈做了录音。表 0–1 和表 0–2 呈现了中英两国受访者的基本信息。

① ［德］伍威. 弗里克. 质性研究导引［M］. 孙进，译. 重庆：重庆大学出版社，2011:97.

② 注：学术辅助人员、核心学术人员、辅导教师和责任教师4类角色采用的是英国开放大学的分类方式，其中核心学术人员类似于我国的主讲教师，学术辅助人员和责任教师都是管理者，辅导教师类似于我国的面授辅导教师。

表 0–1　中国在线教育受访人员信息表[①]

	受访对象	在线教育机构	角色	性别	访谈时间
网络教育学院系统	蔡嘉伟	对外经贸大学网络学院	管理者	男	74 分 53 秒
	陈静	北京语言大学网络学院	管理者	男	52 分 49 秒
	陈新宇	北京大学网络学院	管理者	男	60 分 5 秒
	陈应海	北京邮电大学网络学院	主讲教师	男	50 分 44 秒
	黄丽君	北京交通大学网络学院	教学辅助人员	女	35 分 44 秒
	何开惠	华东师范大学网络学院	主讲教师	女	54 分 51 秒
	董鑫	北京大学医学部网络学院	管理者	女	68 分 55 秒
	孙雪	北京大学医学部网络学院	管理者	女	100 分 3 秒
	李婷	北京大学医学部网络学院	班主任	女	54 分 2 秒
	黄雁	北京交通大学网络学院	教学辅助人员	女	30 分
	纪薇	北京大学网络学院	主讲教师	女	93 分 59 秒
	赖晓红	中国农业大学网络学院	管理者	女	93 分 34 秒
	雷晖	对外经贸大学网络学院	主讲教师	男	110 分 8 秒
	李刚	弘成公共服务体系	管理者	男	73 分 7 秒
	连文杰	奥鹏公共服务体系	管理者	男	118 分 18 秒
	李跃旗	北京交通大学网络学院	教学辅助人员	男	30 分
开放大学系统	田晓燕	国家开放大学	科研人员	女	81 分 28 秒
	汪东红	国家开放大学	主持教师	女	23 分 55 秒
	宋涛	国家开放大学	主持教师	男	44 分 21 秒
	刘勇	国家开放大学	管理者	女	66 分 35 秒
	刘玉	国家开放大学	管理者	男	93 分 16 秒
	罗小维	北京开放大学	管理者	女	90 分 2 秒
	孙一	北京开放大学	管理者	女	92 分 24 秒
	欧阳晶	北京开放大学	主持教师	女	58 分 1 秒
	彭富杰	北京开放大学	主持教师	男	73 分 8 秒
	彭小敏	北京开放大学	管理者	男	45 分 21 秒
	皮蓉	北京开放大学	面授辅导教师	男	31 分 52 秒
	宋利川	北京开放大学	班主任	女	65 分 9 秒
	汪悦菡	北京开放大学	班主任	女	65 分 9 秒
	孙幕	北京开放大学海淀分校	管理者	男	68 分 50 秒
	唐翕	北京开放大学朝阳分校	责任教师	女	68 分 9 秒
	田洪	北京开放大学朝阳分校	班主任	女	73 分 27 秒

① 注：为了尊重受访对象的个人隐私，恪守研究道德，本研究中的受访者信息在表一和表二中均以化名方式呈现。

表 0–2 英国开放大学受访人员信息表

姓名	性别	角色	工作年限	访谈时间
Darles	男	核心学术人员	20	69 分 33 秒
Lucy	女	核心学术人员	8	54 分 32 秒
Melare	女	学术辅助人员	16	56 分 32 秒
Adam	女	学术辅助人员	13	70 分 25 秒
Gayor	女	学术辅助人员	22	64 分 14 秒
Alice	女	学术辅助人员	12	52 分 10 秒
Jo	女	核心学术人员	8	83 分 42 秒
Mark	男	核心学术人员	25	83 分 22 秒
Mike	男	核心学术人员	30	49 分 55 秒
Mary	女	辅导教师	30	50 分 38 秒
Michael	男	辅导教师	20	64 分 41 秒
Bob	男	责任教师	29	93 分 26 秒
Peter	男	责任教师	13	54 分 54 秒
Richard	男	责任教师	30	80 分 6 秒
Anne	女	核心学术人员	17	57 分 20 秒
Tom	男	学术辅助人员	3	45 分 23 秒
Jordan	女	核心学术人员	18	67 分 50 秒

为了对访谈数据进行深入分析，本研究将所有访谈录音内容转录为文字，经过校对后整理成文稿，在整理数据的同时进行数据分析。研究者对所有录音资料和转录的文本资料做了统计，中文访谈录音总时长为 35 小时 13 分 48 秒，其中开放大学系统的访谈时长 18 小时 7 分 26 秒，网络教育学院系统的访谈时长 17 小时 6 分 22 秒，转录后共得到中文文本 499 188 字，平均每位中文受访者的访谈时间为 66 分 3 秒，相应的转录文本为 15 600 字。英文访谈录音时间总时长为 18 小时 18 分 43 秒，转录后得到英文文本 143 632 字，平均每位受访者的访谈时间为 64 分 38 秒，相应的转录文本为 8 449 字。

在数据处理上，本研究采用质性研究工具 NVivo11.0 综合分析了访谈数据，在编码过程中，首先采用自由编码的方式，确定受访者观点中的相关主题。随着编码的进行，越来越多相似的观点出现，这时将自由节点转化为主轴节点，并通过对主轴节点下相关的观点进行分类，逐渐形成分析框架。通过这些专业人员的观点，揭示在线教育的质量观及质量保障的关键要素。

（1）数据分析

访谈数据的分析工作是伴随着访谈的过程进行的，每一次访谈结束后，研究者都要重听当天的访谈内容，整理访谈记录，将访谈中得到的重要信息和对一些问题的思考记录下来，如果需要，根据受访者在访谈中提及的观点查阅相关的文献资料，进一步明确研究问题，修正和完善访谈的设计，并就某些观点在下一次访谈中进行印证。

在数据分析过程中，研究者首先将转录好的 Word 格式的文本导入 NVivo 软件，就研究问题和受访者的观点进行数据编码分析。在编码过程中，本研究采用主题编码和层次编码的方式，首先采用自由节点编码，确定受访者观点中的相关主题。随着编码的进行，将自由节点转化为树节点，并在树节点下对相关的观点进行分类，这是一个将不同受访者就同一问题发表的观点进行聚类的过程。研究中的编码分析框架也不是一次完成的，而是随着观点的增多和研究者对访谈数据理解的加深，不断对树节点和数据分类做出调整，当所有数据编码工作全部完成后，分析框架才最终确立下来。数据编码过程如图 0–1 所示：

图 0–1　访谈数据编码过程图

在数据处理过程中，数据编码分类主要从三个方面考虑：受访者观点的聚合情况、参考文献中相关的观点和研究者本人对研究问题的理解。在研究结论观点的提取上，借助了 NVivo 工具的统计功能，通过该工具可以很方便地看到就某一问题发表相同或相似观点的受访者，该观点在访谈中被提及的次数（参考点）与在访谈内容中所占的比例（覆盖率）。以教育质量目标为例，通过对不同受访者对教育质量目标观点的编码，可以看出，所有访谈中有 17 位受访者共提及此问题 35 次，在右下方的数据区可以看到每位受访者在访谈中提及这一问题的参考点，以及访谈内容在全部访谈内容中所占的百分比，如图 0–2 所示：

图 0–2　受访者观点统计图

（2）研究效度

尽管学术界对质性研究是否应该使用“效度”这一概念意见不一，但绝大部分质性研究者仍然使用“效度”这一词语来讨论研究结果的真实性问题。[①] 本研究主要采用了专家效度法、比较法、参与人员检验法和反馈法来保障研究的效度。

在访谈提纲的设计上，为了保障受访者能够准确地理解访谈内容和问题，研究者完成英文访谈提纲设计工作后，首先向英国开放大学的教育质量保障专家征求了其对访谈提纲的意见，经过多次修改并最终得到认可。实施访谈之前，英国开放大学教育质量保障专家帮助研究者重新改写了全部问题，将访谈内容按照英国人的思维方式和习惯表达出来，保证了访谈内容能够被英国受访者准确理解。中文访谈提纲完成后，研究者多次与在线教育研究者讨论并征求受访

① 陈向明.旅居者和“外国人”——留美中国学生跨文化人际交往研究[M].北京：教育科学出版社，2004:40.

者意见，对访谈提纲做了三次修改后最终定稿。为了保证访谈数据编码分析的效度，研究者在英国期间就研究内容与英国开放大学远程教育质量保障专家进行了多次讨论，为本研究的编码分析工作提供了很好的专家效度。为了保证研究内容的准确性与时效性，研究者在 2018 年请英国开放大学的一位教育质量保障专家对全部访谈内容又进行了审阅，修正了部分内容。

在对国内访谈数据进行编码的过程中，一方面，研究者借鉴了开放大学的编码和分类框架；另一方面，研究者与国内科研人员多次讨论编码的维度与合理性，与一位远程教育科研人员共同分析了国内数据编码，并请同行提出修改意见，上述工作保证了国内数据的编码效度。

在编码过程中，研究者将研究数据与文献资料中学术界广泛认同的观点作了比较，如果发现差异较大的情况，则回到研究数据中重新检验。同时在数据分析过程中，研究者也根据文献资料中相应的观点以及研究者本人的经验对材料进行了甄别、筛除、分类和综合工作。

研究完成后，研究者请两位国内受访者对研究结论加以评判，其中一位受访者来自网络教育学院系统，另一位来自开放大学系统，研究者根据他们的意见对访谈中提及的数据进行了核实。同时，就研究内容征求了其他在线教育从业人员和研究者的意见，其中包括国家开放大学从业人员 1 人，北京开放大学大学从业人员 1 人，网院学院从业人员 3 人，并根据他们的意见对研究结论做了进一步的修正。

有关信度问题，质性研究学者陈向明指出，质性研究工作者认为定量研究意义上的“信度”这一概念不符合质性研究的实际工作情况，对质性研究没有实用价值。质性研究将研究者作为研究的工具，强调研究者个人的背景以及该背景与研究者之间的关系和对研究结果的影响。因此，即使在同一时间、同一地点、就同一问题、对同一人群所进行的研究，研究结果也有可能因不同的研究者而有不同。[①] 研究者认同这一看法，因此，在本研究中，对于研究“信度”不做讨论。

---

① 陈向明. 质的研究方法与社会科学研究［M］. 教育科学出版社，2006:100.

第一章

本土视角——我国在线教育质量观

第一节　我国在线教育的质量目标

质量是一组固有特性满足需要的程度。质量观是主体的价值选择及功效实现程度的判断。我国在线教育质量观是指专业人员对我国在线教育质量价值的选择以及对在线教育质量功效实现程度的判断，主要体现在我国在线教育的质量目标的选择和对在线教育质量结果的评价和判断两个方面。

研究发现，当问及“您认为目前我国在线教育的培养目标，质量定位或质量目标是什么？”这一问题时，有 20 位受访者的回答涉及质量目标方面，占受访者总数的 62.6%，包括 1 位班主任、10 位管理者、1 位科研人员、1 位面授辅导教师、1 位责任教师、1 位教学辅助人员、3 位主持教师和 2 位主讲教师。在所有的受访者中，66.7% 的管理人员和 100% 的科研人员对这一问题进行了回答，侧面说明他们对这一问题的体会较多。表 1–1 为访谈数据整理过程中回答此问题的受访者角色以及受访者谈及此问题的参考点，楷体部分为受访者回答这一问题时的代表性观点。[1]

表 1–1　我国在线教育受访者对质量目标的观点分布表

受访者	角色	参考点
田洪	班主任	1
罗小维	管理者	2
赖晓红	管理者	4
连文杰	管理者	8

① 全书楷体皆为受访者的观点整理，并非访谈录音原文录入，谨此说明，后不赘注。

续表

受访者	角色	参考点
陈新宇	管理者	1
李刚	管理者	4
陈静	管理者	1
彭小敏	管理者	1
田晓燕	科研人员	6
刘玉	管理者	2
皮蓉	面授辅导教师	2
唐翕	责任教师	1
孙一	管理者	2
彭富杰	主持教师	1
欧阳晶	主持教师	1
宋涛	主持教师	1
陈应海	主讲教师	3
孙幕	管理者	2
黄雁	教学辅助人员	2
何开惠	主讲教师	3

我觉得开放教育的质量目标本身，与普通高校的目标是不一样的。开放教育属于继续教育，继续教育一方面要跟受教育者的工作相结合，提高他的职业技能；另一方面要提高受教育者的生活质量，这就是我们的终极的目标。如果受教育者有其他的一些兴趣爱好，这些也能提高他的生活质量，或者说是可以提高他的日常艺术鉴赏水平。包括学一些家庭管理、插花或者什么的，都是可以提高他的生活质量。

开放教育和普通高校的培养目标有一定的差别，所以应用型教育不用完全追求学术化。生源对开放教育的培养方向也有很大影响。

北京开放大学——管理者孙一

国家开放大学现在的定位是应用型人才培养，这可能与国家大形势有关系，因为中国处于全球化的潮流中，中国作为“世界工厂”，制造业很需要高技能的人才。

国家开放大学——管理者刘玉

成人教育的质量目标与普通高校不一样，它是培养技能型人才的，这是定位的问题，所以我觉得网络教育与普通教育差别很大，不见得你就比他差，因为双方的强项是在不同的方面。我们的学生可能更注重于实践技能，也许普通高校学生理论强。

北京交通大学网络学院——教学辅助人员黄雁

我们开放教育的目的是什么，就是培养应用型人才，在某个专业领域提高具体的认识，我不是搞理论的，提高哪怕一点你的操作水平，或者对你以后的实际工作有一些正确引导，就是电大开放教育功能的存在。它跟普通高校的功能、目标、定位，最终还是不一样的。

那么，如何体现应用型人才培养？比方说现在我们有物流专业，物流专业方面的，好多学生是在物业公司或者是物流企业工作的，我们的课程设置应该是具体指导他们解决工作中的问题，跟工作紧密相连，教授他们实际操作性的、具体的课程，和一些基础的管理性的知识，让他们学会在物流行业或者物业企业里头怎么去应用。

再比如在实践环节，原来我们让学生泛泛地去写一个调查，这些调查好多都是摘录下来的文字或者别人给写的，现在我们搞改革，社会调查这一部分，不让交文字了，搞一个软件，这个软件系统假设你是一个物业经理或者物流经理，你怎么做、怎么营利。课程也在转化。

北京开放大学朝阳分校——责任教师唐翕

开放教育的质量目标要从象牙塔里搬出来，要跟实践结合。有人就提出大学到底是灯塔还是镜子的问题,我觉得可能介于二者之间比较好一些。

国家开放大学——主持教师宋涛

我们有些课对学生来讲还是过于理论化，不太贴近他们的实际。现在学生诉求就是“拿了就会用”：学会计，出来能做账；学营销，出去就得有几招能把商品卖出去。

北京开放大学海淀分校——管理者孙幕

现在成人教育的目标就是应用型人才培养，我们的学生是97%都是在职成人，他的学习是在能应用的基础上提升他的能力。所以现在的应用型的含义比原来更深。我们现在已经不是单纯要求学生去背呀，记呀，更多地要求他会用，他把学的知识用于实践。

学生的需求是学了能用。我曾经跟一些普通高校老师谈过，他们说有些电大学生远远超过他面授教学所带的学生，有些普通高校教的学生不知道社会是什么问题，也不知道进入社会应该怎么做，而有些电大的学生知道不少，所以应用型就是促进学生整体能力的提升。有时候学生的知识背景比老师还清楚，这是一个互相促进互相增长的过程。

我们这样的学校在定位，与普通高校比，从招生的对象到办学层次都是不一样的。电大的优势是规模大，在全国各省有多层次的办学机构。利用这个，我们就办面向农村的，面向边远的，面向少数民族的教育，发挥自己的优势，所以我们不是所谓的精英教育。

在某些情况下，开放大学的学生，用人单位的评价高，有时和普通高校正好相反。从人员稳定性方面来说，比如，几年前做评估的时候，新疆的教委的同志就说每年高考石河子市向内地要输送两千人，毕业回来的不多。现在回到石河子大学的都是高薪从内地聘来的，而且就聘几年，不一定长期留下。真正留在石河子市的大学生是电大的学生。电大的学生很稳定，他肯定要在这儿做出成绩，他要发展他自己的事业。这也是普通高校的一种互补。

国家开放大学——科研人员田晓燕

我们教育的目标是培养应用型人才，我对应用型人才的理解是按照传统的电大人才培养，就是面向那些在工作岗位上的人，我们给他提供知识也好，技能也好，让他能够提高岗位的适应能力，直接把学习应用到自己的工作中，而且传统的电大培养的很多是就职于基层岗位的那些人。

从目前我所了解的学生来说，应用型到底怎么体现？我感觉这跟学生本身有关系，本身他带着自己的职业经验来到电大学习，比如说汉语语言文学专业，学生基本上是中小学语文教师，或者是从事相关工作的，他们会把工作的体验带到课程学习里面去。再如计算机专业，老师带着他们直接做，来解决他们工作当中的问题。

北京开放大学——管理者罗小维

我们教育的对象都是在职的成人，他们需要什么专业的知识，他们的工作岗位需要什么样的知识，我们就把这些作为通识课来开设。

针对农业从业人员，当时还没有针对农民的课程，主要来学习的是基层干部，到省这一级没有。

我们针对特定人群开设专业，包括课程的设置、内容也是根据他们的需求来定的，很受欢迎。

中国农业大学网络学院——管理者赖晓红

网络教育的质量到底如何定位，我觉得应该定位在面向在职成人继续学习的情况下，立足于应用型、实用型人才的培养，它的质量标准应该是教授这些人在工作中需要的知识和理论，够用即可。

网络教育学生所要的就是能够丰富自己的知识，能够了解一些新的理论和技术，能够把这些东西应用到自己的工作当中，提高工作效率。

这就是我为什么特别强调，特别希望的是网络教育也罢，高职院校也罢，应该以就业为导向，按照就业导向转变自己的定位，不照搬传统高校教育的模式。

奥鹏公共服务体系——管理者连文杰

研究表明，在回答此问题的 18 位受访者中，94.4% 的人都赞同在线教育的质量目标为应用型人才的培养。这一观点与教育部对在线教育的定位和政策导向高度一致，体现了在线教育应该符合我国现阶段社会与经济发展的需要，为社会培养大批合格的应用型人才的需求。受访者认为，应该通过在线教育使学习者掌握与其工作、学习和生活相关的知识和技能，并将其所学迅速应用到工作和生活中。对在线教育质量的评判标准，也应从他们的学习结果是否符合应用型人才培养的目标和要求出发。

第二节　我国在线教育的质量评价

一、在线教育与普通教育的质量比较

在访谈过程中，当研究者向受访者问及“与普通高校相比，您如何看待目前我国在线教育的质量？”这一问题时，有 14 位受访者对这一问题做出了正面回答，占受访者总数的43.8%，包括6位管理者、1位科研人员、1位责任教师、2 位主讲教师和 4 位主持教师。表 1–2 为访谈数据整理过程中回答此问题的受访者角色以及受访者谈及此问题的参考点，楷体部分为受访者回答这一问题时的代表性观点。

表 1–2　我国在线教育受访者对在线教育绝对质量的观点分布表

访谈者	角色	参考点
孙幕	管理者	3
罗小维	管理者	2
彭富杰	主持教师	2
欧阳晶	主持教师	1
彭小敏	管理者	3
刘勇	管理者	2
田晓燕	科研人员	8
汪东红	主持教师	3
宋涛	主持教师	4
刘玉	管理者	5
何开惠	主讲教师	1
雷晖	主讲教师	1
陈新宇	管理者	1
唐翕	责任教师	2

国内的网络教育和传统大学的教育相比，生源肯定不如传统高校的好，即便是排除生源这一因素，国内网络教育质量还是不如传统高校。传统高校的整个教学体系非常正规，课程也相对成熟，老师在做科研的时候，会提升他的课程质量，综合来讲，传统高校好些。

比较起来，网络教育质量还是有很大差距的，因为很多网络教育首先没有自己的师资，老师大都是外聘的，这样的教育服务的质量还是肯定不够的。

华东师范大学网络学院——主讲教师何开惠

网络教育和开放教育的教学质量确实不太乐观，主要是大环境不太乐观，再有生源也存在一定差距。

实际上电大还是有好多教学模式是很可取的，比如，统一的严格的全国统考，有这些硬性的指标或者说有提高实际操作能力指标在，教学质量上还是有一定保证的。

北京开放大学朝阳分校——责任教师唐翕

开放教育跟网络教育的质量差不多，但是和正规院校或传统大学相比这质量就差多了。

另外那种一点面授都没有，完全依靠网络的办学形式还是有一定缺陷的。学生光看网络课件，老师录好了课在那儿讲，但是没有互动，那绝对不行。

北京开放大学海淀分校——管理者孙幕

开放教育还处于发展过程中，目前确实存在不尽如人意的地方。学生存在差距，开放教育自身也存在很多问题，包括教学过程的安排、课程的设置（包括课程的内容和传播形式——怎么通过媒体向学生传播），整个一系列的过程都还有很多不完善的地方。开放教育的质量仍受到社会质疑，当然作为成人教育的一种类型，大家还是认同它的，但跟普通高校来比，它的教育质量还是差很多。

北京开放大学——管理者罗小维

我们说心里话，开放大学教学质量肯定不如普通高校。并不是说老师教的问题，是因为学校的学生都是成人，都是有工作的。我们并不要求他的出勤率。有的学生可能一学期能来上几回课，毕竟我们面授是有次数限制的。我们开放教育的课程包含 1/3 的面授，其他的时间是由学生自学或者网上学习，但是很多学生现在因为工作很忙，他可能就没有时间去学，面授环节就来不了。

学生包括他在网上这些他可能都做不了，花的时间不够，投入也不够，不能够完成我们规定的学时，这个我们尽力在控制，但是很难控制，学生到课率确实无法保证。

北京开放大学——主持教师欧阳晶

从学生来源方面来看我们就和普通高校差别很大，另外开放教育这种教育方式没有太高的标准。在学习过程中，知识点的讲授也不如传统高校。我上大学的时候学法理，一周一次课，从一点半开始到四点半，这么长的时间学这么一次课。一个学期是 16 周，几乎每一个知识点的方方面面全讲到。但是开放教育做不到，刑法总则和分则 300 多条，但是在电大需要 7 次课就讲完，甚至更短。快速、大容量的授课方式就可能造成学生听不懂，我觉得面授还是很重要，不明白的话，当时学生就会问。

另外包括学生的学习时间，差距还是比较大的。我们这些学生，他们都是“兼职学生”，普通高校的学生是“专职学生”，一个人的精力是有限的，如果全放在学习上的话，它的学习质量肯定是不一样的。

从学制上看，开放教育的专科是两年，本科是两年半。原则上是三年或两年半，但是可以超前学习。兼职学生学习的时间反而短，需要掌握的东西还要多。从学习内容上来说，肯定没有普通高校学的东西多，所以质量就显而易见了。

北京开放大学——管理者彭小敏

研究中发现，专业人员对于在线教育的绝对质量状况并不满意，14 位受访者全部认为在线教育在生源、教学资源、教学水平、师资条件以及学生的学习结果上，与普通高校相比还存在着较大的差距，在线教育质量在我国高等教育中处于较低的水平。这里面既有学生素质、学生学习动机、学习投入的问题，也有教师水平、教学方法的原因。

二、在线教育的质量危机

在研究过程中有 7 位受访者对于网院教育的质量现状直接提出了批评，认为目前有些网络教育学院无法保障教育质量。持此观点的受访者占总数的 21.9%，包括有 4 位管理者、1 位教学辅助人员、1 位主讲教师和 1 位班主任。表 1–3 为访谈数据整理过程中回答此问题的受访者角色以及受访者谈及此问题的参考点，楷体部分为受访者回答这一问题时的代表性观点。

表 1–3 我国在线教育受访者对在线教育质量的批评分布表

访谈者	角色	参考点
赖晓红	管理者	3
连文杰	管理者	2
董鑫	管理者	2
雷晖	主讲教师	3
黄雁	教学辅助人员	1
李婷	班主任	3
蔡嘉伟	管理者	1

现在不利于网络教育发展的一个地方在于，对在线教育的经济指标关注度过高，而对于该学院的办学质量、教学改革、教学探索等问题关注不足。

像我们一开始的时候也比较好，我这边是做网院的院长做副总经理，校长做总经理，当时合作方不在乎办学收入，所以学生招多招少，挣多少钱他们也不关心。

中国农业大学网络学院——管理者赖晓红

网络教育是一种新的教育形式，培养目标、教学目标、人才培养模式等都应该有新的尝试。然而实践中仍照搬原有模式，多种因素造成网络教育质量被质疑。

奥鹏公共服务体系——管理者连文杰

很多网院拼命招生的一个重要原因是追求经济利益，有些网院目前的在校生都六七万或七八万，这一定会造成教学质量的问题。

北京大学医学部网络学院——管理者董鑫

我们国家人口多，高等教育机会相对稀缺，远程教育的进出门槛都相对较低，拿文凭相对容易，这种现实一定程度地满足了社会需求，但另一方面也造成了人们更多关注文凭而忽视了学习，也影响了远程教育教学质量的提高。

对外经贸大学网络学院——主讲教师雷晖

研究中发现，有些专业人员对于我国在线教育质量现状提出了严厉的批评，他们对一些普通高校把在线教育作为营利手段，把网络学院当作学校的创收单位，而缺乏有效质量保障措施的做法极为不满。他们对毫无控制的招生规模，非常有限的教育资源投入，以及没有底线的考试评价非常担心，对未来在线教育的发展和前景忧心忡忡。

三、在线教育质量应考虑增量评价

研究过程中有 9 位受访者在回答“与普通高校相比，您如何看待目前我国在线教育的质量？”这一问题时，阐述了对在线教育应评价其相对质量的观点，占受访者总数的 28.1%，包括 6 位管理者、2 位主讲教师和 1 位主持教师。从受访者的角色中可以看出，55.6% 的管理者认为在线教育应考虑相对质量问题。表 1–4 为访谈数据整理过程中回答此问题的受访者角色以及受访者谈及此问题的参考点，楷体部分为受访者回答这一问题时的代表性观点。

表 1–4　我国在线教育受访者对在线教育相对质量观点的分布表

访谈者	角色	参考点
陈应海	主讲教师	1
欧阳晶	主持教师	1
陈新宇	管理者	1
何开惠	主讲教师	1
连文杰	管理者	2
蔡嘉伟	管理者	2
刘勇	管理者	2
赖晓红	管理者	1
罗小维	管理者	1

对于网络教育，我们在教学内容上做了一些调整，比如说把过于理论化的东西给去掉，把内容压缩，在媒体的表现形式上也做了一些调整，动画、交互性的东西增多了，为了适应学生，使得他能够多学点东西。我们现在严格意义上来说，并不是说他一定要达到全日制本科学生毕业的那种水平才叫我们完成了教学目标，就是看他是否比他进来的时候有了一定量的提高，已经满足成人学习的要求了，作为他是否完成教学目标的依据。

我们参照成人教育的教学大纲，根据国家相关的标准对于全日制课程的教学大纲进行适当的调整，把难度降低一点，把内容压缩一点，如果能达到大纲的要求的话，就基本上可以了。

北京邮电大学网络学院——主讲教师陈应海

我认为对网络教育的评价应该是发展性评价。我们教育的结果跟学生入学时候相比，确实是有发展、有提高，达到了我们设定的这个教学目标，我觉得我们的教育质量也应该一定也是好的。

它是一个增量的问题，只要把这个增量弄好了，或者说达到我们最终的教育目标、满足我们当时设计的一些需求的话，我觉得这个质量也是好的。所以我觉得就是说网络教育也可以达到传统这个面授教育的这种教学质量，只要是方方面面尽心去做，顺应网络教育的特点和规律。

北京开放大学——主持教师欧阳晶

质量要分几方面来看了，首先网络教育本身的教育质量受学生自身水平的影响，我觉得看网络教育的时候，主要看你的产品是什么，你的产品是“教育”还是你的产品是“学生”。如果从学生的角度上来看，现在网络教育因为受国家二元成人教育体系的影响，你能招进来的学生都是成人教育的学生，因此他们入学的时候素质是有差别的，接受市场认可的程度也是有差别的。

但是如果从教育增量这个观念上来看质量的话，我觉得网络教育的质量还是可接受的，但是其实社会上并不认可我们的这种质量观，用人市场只是做横向地绝对地比较。

华东师范大学网络学院——主讲教师何开惠

所谓的质量比较，我觉得增量比较的方法是比较合理的，纯粹地横向比是没有办法比的，相同高校之间都没有办法比。

对增量的比较我觉得是看一个学生入学是什么样子，出去以后是什么样子，在整个学习期间发生了什么，这就好比，先制定一个基本标准，如果水平上有不同，那么你把它提到与高水平者基本相似的水平，就更可以说明你的教育质量好了。

北京大学网络学院——管理者陈新宇

从在线教育的生源来看的话，通过在线教育的培养与学习，它的“增值”如果说基本不差于进入北大清华教育全日制教育的学生的话，那你能说他质量差吗?

所以说，谈质量一定说你针对什么样的人，你的培养目标和方式是什么，在这个中间增量是什么。

奥鹏公共服务体系——管理者连文杰

普通高校有选拔考试，你一定要通过经过这个考试之后，才能被选拔到普通高校。但是像远程教育，是没有这个统一的选拔考试，只是有一个入学测试。所以选上来的学生基础就完全不同。

我觉得对于不同的人，要求应该是不一样的，所以质量标准也是不一样的，要跟之前的基础相比。本来你就有很好的基础，你应该通过普通高校的教育达到更好的结果。我的开放教育，招生来的学生相对基础差一些，将来通过我的教育，也给他提高。所以在这方面，我认为开放教育在这方面做的还是比较好的。

国家开放大学——管理者刘勇

受访者认为，质量不一定只是反映在它的绝对值上，质量的内涵既包括绝对质量，也包括相对质量，它也可以是一个价值增值的过程。有 28.1% 的受访者认为，对于在线教育而言，由于生源不同，培养目标与普通高校存在差异，因而在线教育的质量不应与普通高校教育的质量直接相比，而应该看质量的增量。相对于在线学习者的入学水平，如果他在毕业时有了一定的提高，就应该承认其教学质量达到了一定的水平。

四、在线教育与普通教育在质量评价上有本质区别

研究过程中另外有 11 位受访者对于“与普通高校相比，您如何看待目前我国在线教育的质量？”这一问题没有做出直接回答，而是对在线教育与普通高校质量比较的合理性提出了疑问，占受访者总数的 34.4%，包括有 7 位管理者、1 位教学辅助人员、1 位科研人员、1 位主持教师和 1 位责任教师。有表 1–5 为访谈数据整理过程中回答此问题的受访者角色以及受访者谈及此问题的参考点，楷体部分为受访者回答这一问题时的代表性观点。

表 1-5 我国在线教育受访者对在线教育和普通高校质量比较的合理性看法分布表

访谈者	角色	参考点
唐翕	责任教师	2
彭富杰	主持教师	1
刘勇	管理者	1
田晓燕	科研人员	2
黄丽君	教学辅助人员	1
董鑫	管理者	1
李刚	管理者	1
陈新宇	管理者	2
连文杰	管理者	4
刘玉	管理者	2
蔡嘉伟	管理者	1

开放教育跟普通高校没法比，没有可比性。可能你也了解，一流的高校集中的是精英型的人才，普通的高校也体现了我们中国高等教育走向大众化的需求。

那么我们开放教育的目的是什么，就是培养应用型的人才，在某个专业领域提高学生具体的认识，或对实际工作有一些正确引导，这就是开放教育价值所在。它跟普通高校的功能目标定位，最终还是不应该一样的。

北京开放大学朝阳分校——责任教师唐翕

开放教育学生学习的基础有可能比普通高校的学生差。但是我觉得开放教育与普通教育的质量标准应该是不一样的，要跟学生之前的基础相比。

所以教育质量不应该是按照一个绝对的标准去衡量，这完全是两种不同的教育形式，对于它的质量，判断的标准就不应该是一样的。而且两种教育形式的学生也不太一样，所以至少应该是两套体系来评价这个质量。但是我们国家到现在还没有一个统一的评价远程教育的质量标准，真正统一的质量标准现在还没有建立起来。

国家开放大学——管理者刘勇

如果将网络教育和传统教育作比较，我觉得这个比较是错的。

因为生源不一样，首先生源就决定了你自己对这些人培养的要求是什么。应该是你的受众对象是谁，决定了你去要把学生培养成什么样子。而不是说我们要主观臆断地去判断出，我们要培养出与普通高等学校本科生一样的质量水平。本身你要加注网络教育字样，他是网络教育毕业的，他具有网络教育的一个特点。我觉得人才培养，网络教育与传统教育有些方面可能有相近的地方，但网络学院肯定不适合与传统普通高等学校简单相比。

对外经贸大学网络学院——管理者蔡嘉伟

北大校内开设的计算机专业和网络教育开设的计算机专业的差别，我想最大的区别是在内容设置上，尤其是对数学的要求，对思维能力的要求。就是说我们的培养目标还是不同的。

但是对北大网院是不是也要像北大那样开展精英教育，我说不清，我想过你这个问题，我想过似乎北大应该定位在精英教育上，应该是提高一个层次，提高一个标准，哪怕是网络教育也应该提高到这个层次上。但是如果那样的话，北大网络学院肯定就不存在了，就没有机会生存了，网络教育肯定达不到北大精英教育的质量。

北京大学网络学院——管理者陈新宇

从学术标准的角度看，普通高校的学术标准肯定要比网络教育的学术标准高，确实它的水准要高。那么普通高校的学生的感受程度到底怎么样，网络教育的感受程度怎么样，这两个是可以比的，但是你一定要牵强地把他用什么学术水平去比的话，那么实际上这比的不是同一个东西，这两个概念通常会被混淆。

弘成公共服务体系——管理者李刚

虽然说大众化教育和精英的教育应该是有区别的，也就是说远程教育和传统教育也应该有区别的，但是应该找出他们的区别点来，发挥各自的优势。比如远程教育可以强调实用性，强调它是应用型的，强调实践性。这是两种不同的教育，根据它们各自的特点，不能说这个一定就好，那个一定就差。

北京开放大学——主持教师彭富杰

这么多年下来我有一个直观感受，无论是校内领导还是老师，对网络教育的接受度是提升了。我们不遗余力地找老师去解释，我们学生本来他就是在职的，他当时就是中专毕业的，他现在不需要学的那么学术，他只需要提升学历。现在老师们的接受度在慢慢提高。

但是我觉得尤其是像北医这种学生，我们的学生和他们不适合简单相比，他多少分进来的啊？都快700分进来的，而且都是科研为主。但是我觉得这个社会不光需要搞科研的，还需要做实践的，而且目前已经在做实践的人，更需要我们去帮助他成长，所以说我觉得培养目标和定位是不一样的。我们的定位是应用导向，应用型人才培养。

北京大学医学部网络学院——管理者董鑫

我觉得开放教育跟普通高校质量的质量没有可比性，不能这样比，这是两种不同的教育。

国家开放大学——科研人员田晓燕

随着时代的发展，社会对各种人才的需求也呈现变化，高等教育应该适应这种变化满足社会的不同需求。

像北大、清华这样的世界一流的大学，应该以研究型为主的，它的质量标准就应该是精英人才的培养。但是对于国家开放大学也拿这个质量要求，那绝对是有问题的。

因为它们的衡量标准值不一样，所以没有办法直接对比。我主张质量应该是多元化的质量，就是针对不同的对象、不同的培养目标、不同的学校定位和办学目标，来定义你的质量目标和标准。

奥鹏公共服务体系——管理者连文杰

远程教育与普通教育的标准是不是应该是统一的，一直很有争议。我觉得还是应该有区别的，但是并不是说有区别就是说哪个低哪个高，而是说他本身因为对象不一样，他服务的方式、课程内容的设计也不一样，所以说质量的高低，可能是质量的多元化，是允许它有多元的标准。因为它追求的价值取向是不一样的。开放教育讲“四个面向”，面向地方，面向基层，面向农村，面向边疆民族地区。如果满足了四个面向的要求，本身也是一个质量的标准。

所以我觉得满足的社会需要还是非常重要的，不能笼统地和全日制高校简单地去比，可能这个方法、这个角度是不对的。

国家开放大学——管理者刘玉

受访者认为，尽管在直接对比的情况下，在线教育质量不如普通高校，但如果只是简单地将在线教育与普通高等教育相比较，既不公平，又没有意义。在线教育的价值不在于要和普通高校达到同样的质量标准，因为它的培养目标与普通高校不同。在线教育是我国高等教育大众化、成人继续教育和终身学习的一种必不可少的路径，它的存在有其合理性与必要性。

五、我国在线教育质量观的路径选择

研究发现，受访者对我国在线教育的质量现状并不满意，他们的观点主要反映在在线教育与普通高校的直接比较、在线教育的绝对质量、在线教育的相对质量以及质量比较的合理性三个方面。从绝对质量上看，近半数的受访者认为在线教育在生源、教学资源、教学水平、师资条件以及学生的学习效果上与普通高校相比，还存在较大的差距，其中既有学生素质、学习动机、学生学习投入的问题，也有教师水平、教学方法的原因。

对于在线教育而言，由于生源不同，质量目标与普通高校存在差异，评判在线教育的质量更应该看质量的增量，即入学与毕业之间学生水平的差异。

根据在线教育的定位以及不同类别教育的质量增量的程度，研究者制作了在线教育与普通教育质量比较示意图。示意图的横轴表示普通高校在人才培养方面主要以学术取向为主，而在线教育更倾向于实践取向，二者的培养方向有很大的差异。横轴的刻度值表示不同培养方向的质量增量，代表质量的相对值，由 1 至 6 表示质量在不断增强，由于普通高校学生都通过了高考这样的选拔性考试，表明他们有较好的学术基础，因此学术的基础值没有从 0 开始取值，而在线教育的学生的学术基础较弱，因此图中从 0 开始取值，这一设计体现了两者初始质量存在着差异。纵轴表示无论是学术取向还是实践取向，教育质量能够达到的绝对值。

从图 1–1 可以看出，相对于普通高校，在线教育的生源的学业水平和学业基础较差，大部分学生起点水平较低，通过在开放大学或者网络学院的学习，他们的学术水平会得到一定程度的提升，但相对于普通高校的学业基础较好的生源，在线教育学生毕业时的绝对质量不高。如果从学术水平的增量方面进行比较，部分学生的质量增量有可能达到普通高校学生的水平，但是总体水平仍有较大差距，如图 1–2。

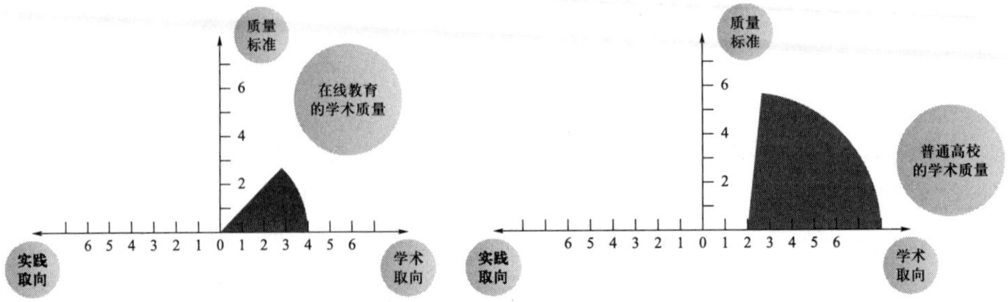

图 1–1 在线教育与普通教育的质量比较示意图

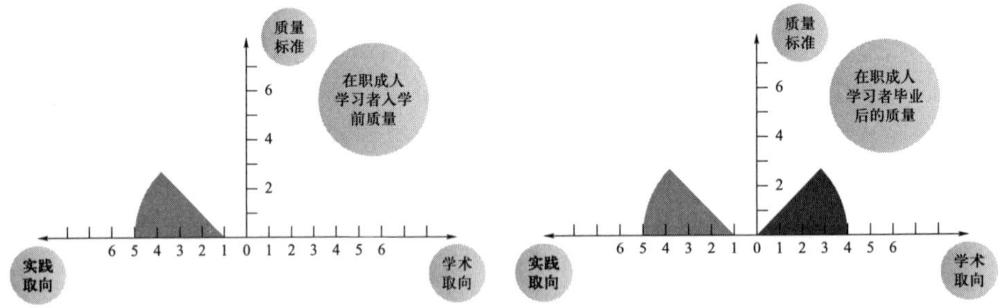

图 1–2 在线教育入学前后质量对比示意图

研究表明，绝大部分在线学习者是在职成人，他们有着较为丰富的实践工作经验，他们希望通过在线教育充实自己的专业知识，丰富理论，把所学到的知识应用到自己的工作当中，促进个人的职业发展，提升生活品质。但由于目前我国在线教育界对应用型人才培养的内涵和质量标准没有清晰的界定，大部分在线教育机构还是以教授学术内容作为人才培养的主要途径，学生在学校所学内容无法与工作实践进行较好的联系，存在着学习结果与在线学习者实际需要相脱节的现象。

由于在线教育的质量目标和普通高校有本质的不同，在教学质量方面不应采用同一标准与普通高校进行简单对比，做出简单评判。既然在线教育的质量目标是应用型人才培养，那么对于它的评判标准应取决于：是否满足在职成人学习者的学习需求，在线教育的学习成果能否应用到成人学习者的工作中去，帮助他们掌握知识技能，提升职业能力，更好地获得个人成长与职业发展。因此，在线教育的质量评价应与普通高校学生有所区别，评价的不仅是学生学习结果的学术性，而更应该侧重于应用型人才培养的质量内涵，具体而言是指在职成人学习者的职业继续教育，以工作过程为导向，学习内容是介于学术性的理论知识和具体工作实践之间的工作过程知识，评判的依据是学习者职业能力的发展水平，如图 1–3 所示：

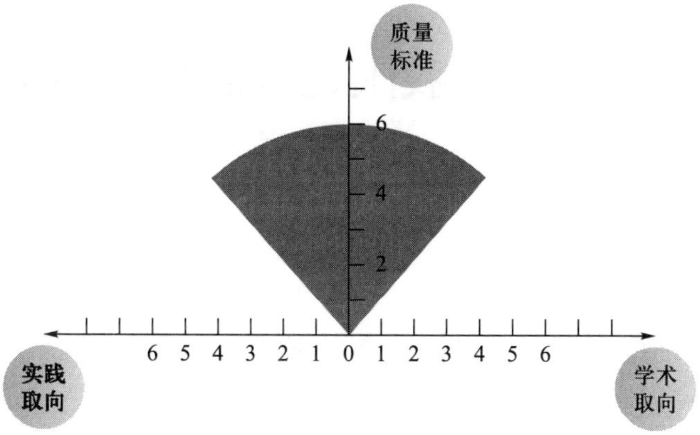

图 1–3 在线教育应用型人才培养质量示意图

第二章

思深忧远——我国在线教育质量分析

第一节　政府对在线教育的投入分析

在研究过程中有 7 位在线教育专业人员对在线教育的经费与教学质量的关系提出了自己的看法，占受访者总数的 21.9%，包括 4 位管理者、1 位主持教师、1 位责任教师和 1 位科研人员。表 2–1 为访谈数据整理过程中回答此问题的受访者角色以及受访者谈及此问题的参考点，楷体部分为受访者回答这一问题时的代表性观点。

表 2–1　我国在线教育受访者对在线教育经费与教学质量的关系评价分布表

访谈者	角色	参考点
唐翕	责任教师	2
彭富杰	主持教师	1
田晓燕	科研人员	2
孙幕	管理者	2
董鑫	管理者	1
赖晓红	管理者	1
罗小维	管理者	2

我觉得教育部对普通高校学生的生均投入和对远程教育学生的生均投入存在差距。远程教育的经费 10% 靠国家，90% 要靠学费。现在我们国家对远程教育的投入是比较少的。经费有限，招生规模及教学质量就会受影响。

国家开放大学——科研人员田晓燕

从目前开放大学的运行投入来看，政府的财政投入较少。传统的高校中普通高校按照生均投入，国家规定一个学生最低一万二，北京的很多学校都能投入达到6万块钱。我们测算了一下，北京开放大学如果按照我们现在注册学生的比例来算的话，按照整个教委给我们拨的一年所有经费加在一起包括项目经费、人头经费，与学生比例经费来算的话不到1000块钱。

从费用上看我国的开放大学仍在低成本运行。远程教育前期的投入是非常高的，应该是高投入的教育，比如英国开放大学，它在英国政府拿到的资助是所有高校里最多的，因为它学生人数比较多。咱们普通高等教育的学生得到了政府的财政补贴，但是成人高等教育几乎是靠自己在运行。我讲的还是省级电大的层面，再下一级分校财政的运行更糟糕，但是学生本身又在基层。

北京开放大学——管理者罗小维

从办学经费的来源来讲，大部分开放大学的经费10%是来源于国拨经费，相当于运转的基本人头费，剩下的90%都要来自于学费。有些学校好一点，据我所知，江苏开大争取到一个学生人头费是普通高校的二分之一，像上海开大争取到了三分之一，这样他招生的压力就会小很多，他会把一些精力放在教学上。

质量和经费保障是密切相关的，首先开放大学这边得先存活下来才能改进，一些好的理念才能去实现，好的举措才能去做。如果现在连生存都成问题的话，就谈不上质量。

北京开放大学——主持教师彭富杰

开放大学的学费除了按地方物价局核定的标准收取外，大约30%~35%要上缴。我们做过核算，一个班招生达到30人，才能收支平衡。

北京开放大学朝阳分校——责任教师唐翕

像我们学校的收入除了学生的学费以外，只有一些维持学校运作的事业单位财政拨款，根本没有普通高校的生均拨款。我们现在招生压力特别大，现在是买方市场，供过于求的。

北京开放大学海淀分校——管理者孙幕

从访谈数据中可以看出，无论是开放教育还是在线教育，办学的主要来源是学生的学费。对于开放教育，政府投入很少，以北京市为例，北京市教育委员会决算数据显示，2016 年度北京市对“广播电视教育”的支出为 8 427.24 万元[①]，根据北京市教委的统计数据，目前北京开放大学在校生人数为 68 790 人，计算后可知目前北京开放大学的生均经费为 1 225 元，[②] 相比于北京市普通高校 55 687.68 元的生均经费，开放教育生均经费仅为普通高校生均经费的 2.2%。[③]

教育部 2016 年全国教育经费执行情况统计结果表明，2016 年全国普通小学生均公共财政预算教育事业费为 9 557.89 元，普通初中为 13 415.99 元，普通高中为 12 315.21 元，中等职业学校为 12 227.70 元，普通高等学校为 18 747.65 元，但成人教育经费没有相关统计数据，如表 2–2。

表 2–2　2016 年度各级教育生均公共财政预算教育事业费[④]（元）

	普通小学	普通初中	普通高中	中等职业学校	普通高等学校
全　国	9 557.89	13 415.99	12 315.21	12 227.7	18 747.65
北京市	25 793.55	45 516.37	50 802.57	38 661.5	55 687.68

目前成人教育的经费投入缺乏相应的政策保障，各地方政府通常将开放教育机构作为其他类型的全额事业拨款单位，拨付人员经费和公用经费来维持学校的正常运转，完成日常工作任务。其中人员经费主要用于人员的工资、福利和补助，公用经费用于办公设备购置、专用设备购置等支出，没有生均定额、学科综合定额、专业学位研究生定额、学生助学金定额、高等学校人才培养质量提高、科研水平提高定额、艺术创作与实践经费定额等普通高校常见的预算科目。[⑤]

访谈结果表明，一些高校将网络教育学院作为学校的创收单位，不但没有生均拨款和相应的教育投入，各网络教育学院每年还要根据学校的规定向学校上缴比例不等的收入。这种做法为在线教育的低质量埋下了重大隐患。

---

① 2016年度北京市教育委员会部门决算[EB/OL]. http://zfxxgk.beijing.gov.cn/110003/zfxxgknb/2017-03/12/content_2aafa1d7ca464b85a039c6c79bbefeb6.shtml. [2018-01-04].

② 注：目前全国教育经费统计科目和北京市教育经费统计科目中都没有成人教育生均经费的统计数据，这一数据仅为理论计算的结果，与实际结果可能会略有出入。

③ 教育部、国家统计局、财政部关于2016年全国教育经费执行情况统计公告[EB/OL]. http://www.moe.edu.cn/srcsite/A05/s3040/201710/t20171025_317429.html. [2018-01-03].

④ 教育部、国家统计局、财政部关于2016年全国教育经费执行情况统计公告[EB/OL]. http://www.moe.edu.cn/srcsite/A05/s3040/201710/t20171025_317429.html. [2018-01-03].

⑤ 北京市市级教育经费基本支出预算管理办法（2015）[EB/OL]. http://www.bjcz.gov.cn/zwxx/tztg/t20150217_524028.htm. [2018-01-03].

第二节　在线教育的价值取向分析

在研究过程中有 6 位受访者对在线教育的质量受社会过多强调高学历的取向提出了自己的看法，占受访者总数的 18.8%，包括 2 位管理者、2 位主讲教师、1 位主持教师和 1 位班主任。表 2–3 为访谈数据整理过程中回答此问题的受访者角色以及受访者谈及此问题的参考点，楷体部分为受访者回答这一问题时的代表性观点。

表 2–3　我国在线教育受访者对在线教育的价值取向评价分布表

访谈者	角色	参考点
陈应海	主讲教师	2
宋涛	主持教师	1
李婷	班主任	2
纪薇	主讲教师	1
董鑫	管理者	1
赖晓红	管理者	1

我所了解的很多学生选择网络教育是为了获得本科文凭，以免失去竞争力或工作机会。

网络学院学生现在进行本科学习也有一定的功利性，这些在职学习者都有自己的工作，他们在选择学校的时候不会考虑毕业找工作的问题，这不是主要考虑因素之一，也不会说选择这个学校是因为觉得在这个学校会比在其他学校能多学到很多东西。

北京邮电大学网院学院——主讲教师陈应海

我们去英国开放大学交流，在跟他们的专家讨论的时候，我提了个问题，结果他们认为不是问题。我问他们如果学生不学怎么办？他们说学生自己掏钱为什么不学啊？外国专家很不理解，后来我明白了。外国人认为他自己花了钱了，不可能不学，但在国内确实有交了钱，不怎么学的情况。学生读开放大学有些就是为了获得文凭。

国家开放大学——主持教师宋涛

普通班的学生我觉得有 60%~70% 就想拿个证书。因为咱们国家职称是和学历挂钩的，比如本科文凭他可能三年就能晋升，专科要等五六年这样的，也有因为学历同岗不同原则的情况，所以他们是受大环境影响。

北京大学医学部网络学院——班主任李婷

目前有些用人单位招聘人员时考虑的先决条件是应聘者的教育背景，以及其学历的高低。有些行业的招聘，甚至到了非“985”“211”等名牌大学、非硕士、博士“莫入”的程度。在这种偏重学历的大环境影响下，高学历已经成为入职和晋升的重要筹码。

以护理专业为例，根据前程无忧招聘网和智联招聘网的最新职位招聘情况统计，护理学专业本科应届毕业生的入职平均薪金为 6 050 元（表 2–4），而专科应届毕业生的入职平均薪金仅为 3 429 元（表 2–5），专科生毕业生的平均工资仅为本科毕业生的 56.7%。

表 2–4 护理学专业本科应届毕业生网络招聘情况统计举例①

招聘企业名称	岗位名称	学历	薪资	工作经验	工作地点
北京京都儿童医院有限公司	护士	本科	4 000 元	无	北京
北京美中宜和妇儿医院有限公司	护士		6 000 元	无	北京
北京明德医院有限公司	护士		6 000 元	无	北京
北京康泽肿瘤医院有限公司	护士		6 000 元	无	北京
温州康宁医院股份有限公司	护士		6 000 元	无	北京
北京维元诊所有限公司	护士		6 000 元	无	北京
飞诊健康科技（上海）有限公司	护士		8 000 元	无	北京
微医集团	护士		8 000 元	无	北京
新华卓越健康投资管理有限公司	护士		6 000 元	无	北京
大福堂（北京）健康科技有限公司	护士		4 500 元	无	北京
入职平均薪资	6 050 元				

① 数据来源：前程无忧招聘网[EB/OL]. http://search.51job.com/list/010000,000000,0000,00,9,99,%25E6%258A%25A4%25E5%25A3%25AB,2,1.html?lang=c&stype=1&postchannel=0000&workyear=01&cotype=99&degreefrom=04&jobterm=99&companysize=99&lonlat=0%2C0&radius=-1&ord_field=0&confirmdate=9&fromType=7&dibiaoid=0&address=&line=&specialarea=00&from=&welfare=.[2018-01-05].
智联招聘网[EB/OL]. https://sou.zhaopin.com/jobs/searchresult.ashx?jl=%E5%8C%97%E4%BA%AC&kw=%E6%8A%A4%E5%A3%AB&sm=0&isfilter=1&p=1&el=4. [2018-01-05].

表 2–5　护理学专业专科应届毕业生网络招聘情况统计举例 [①]

<table>
<tr><th>招聘企业名称</th><th>岗位名称</th><th>学历</th><th>薪资</th><th>工作经验</th><th>工作地点</th></tr>
<tr><td>北京保温瓶工业公司职工医院</td><td>护士</td><td rowspan="7">大专</td><td>3 000 元</td><td>无</td><td>北京</td></tr>
<tr><td>北京中研中医院有限公司</td><td>护士</td><td>3 000 元</td><td>无</td><td>北京</td></tr>
<tr><td>北京安定门中医医院</td><td>护士</td><td>3 000 元</td><td>无</td><td>北京</td></tr>
<tr><td>北京松乔医药科技有限公司</td><td>护士</td><td>3 000 元</td><td>无</td><td>北京</td></tr>
<tr><td>奥齿泰（北京）商贸有限公司</td><td>护士</td><td>4 500 元</td><td>无</td><td>北京</td></tr>
<tr><td>北京博信齿科口腔门诊部（普通合伙）</td><td>护士</td><td>3 000 元</td><td>无</td><td>北京</td></tr>
<tr><td>北京颐乐企业管理有限公司</td><td>护士</td><td>4 500 元</td><td>无</td><td>北京</td></tr>
<tr><td>入职平均薪资</td><td colspan="5">3 429 元</td></tr>
</table>

从护士的职业发展和晋升通道来看，《卫生技术人员职务试行条例》规定，副主任护师必须具有本科及以上学历，专科毕业的需要从事该专业技术工作 20 年以上，取得主管护师资格后，受聘主管护师职务 5 年以上才有资格申请副主任护师（表 2–6）。无论是在收入水平还是晋升空间方面，本科及以上学历都是护士职业生涯发展的必备硬件条件。而有时在职称评审过程中，评审委员会并不过多审查护士的本科学历从哪里来，是如何获得本科学历的。这就导致某些学习者关心的仅仅是一纸文凭，而不关心学习的内容和收获。

以上问题在一定程度上反映了我们国家的人才观和用人制度的不足。一方面，企业倾向于招聘高学历人才；另一方面，求职者也愿意提升自己的学历来满足劳动力市场的要求。在社会对学历的获得过程和质量不太关注的情况下，必然选择以成本最低的方式来获得文凭。

① 数据来源：前程无忧招聘网[EB/OL].
http://search.51job.com/list/010000,000000,0000,00,9,99,%25E6%258A%25A4%25E5%25A3%25AB,2,1.html?lang=c&stype=1&postchannel=0000&workyear=01&cotype=99&degreefrom=03&jobterm=99&companysize=99&lonlat=0%2C0&radius=-1&ord_field=0&confirmdate=9&fromType=7&dibiaoid=0&address=&line=&specialarea=00&from=&welfare= . [2018-01-05].
智联招聘网[EB/OL].
https://sou.zhaopin.com/jobs/searchresult.ashx?jl=%E5%8C%97%E4%BA%AC&kw=%E6%8A%A4%E5%A3%AB&sm=0&isfilter=1&p=1&el=5. [2018-01-05].

表 2–6 护士晋升及评定标准的学历与资历要求[①②]

职称	学历要求	资历条件
主任护师	大学本科以上学历或学士以上学位	取得副主任护师资格后，受聘副主任护师职务 5 年以上
副主任护师	获博士学位	取得主管护师资格后，受聘主管护师职务 2 年以上
	大学本科以上学历或学士以上学位	取得主管护师资格后，受聘主管护师职务 5 年以上
	大学专科毕业	从事本专业技术工作满 20 年以上，取得主管护师资格后，受聘主管护师职务 5 年以上
主管护师	获硕士学位	从事本专业技术工作 3 年以上
	硕士研究生学历或取得双学士学位	取得护师资格后，受聘护师职务 3 年以上
	大学本科学历	取得护师资格后，受聘护师职务 4 年以上
	大学专科学历	取得护师资格后，受聘护师职务 5 年以上
	中专学历	从事本专业技术工作 20 年以上，取得护师资格后，受聘护师职务 5 年以上
护师资格（考试）	相应专业本科学历或硕士学位	从事本专业技术工作满 1 年
	相应专业专科学历	受聘担任护士职务满 3 年
	相应专业中专学历	受聘担任护士职务满 5 年

① 护士执业资格考试办法，卫生部，人力资源社会保障部令，第74号[EB/OL]. http://www.gov.cn/flfg/2010-05/20/content_1609809.htm. [2018-01-05].

② 国家教育委员会教师教育办公室. 高等学校教师专业技术人员职务试行条例及其有关文件汇编[M]. 武汉：武汉大学出版社，1986:43.

第三节　在线教育在我国教育体系中的地位分析

在研究过程中有 7 位受访者对在线教育在整个教育体系中的地位与普通高校的办学定位提出了自己的看法，占受访者总数的 21.9%，包括 3 位管理者、1 位主讲教师、1 位主持教师、1 位科研人员和 1 位教学辅助人员。表 2–7 为访谈数据整理过程中回答此问题的受访者角色以及受访者谈及此问题的参考点，楷体部分为受访者对回答这一问题时的代表性观点。

表 2–7　我国在线教育受访者对在线教育在我国教育体系中的地位分析分布表

访谈者	角色	参考点
田晓燕	科研人员	2
宋涛	主持教师	2
罗小维	管理者	3
刘玉	管理者	1
黄雁	教学辅助人员	1
雷晖	主讲教师	1
连文杰	管理者	3

开放教育在办学层次上受到限制。以前办学只局限在专科，我们没有发证权，办专升本只能与普通高校合作，从 2016 年开始才能授予自己的本科学位。我觉得我们国家的定位永远是把教育分成等级，这是我个人的看法。所谓的成人教育五大类，一下子就觉得在招聘上得不到认可。这在某种程度上也是一种不公平，就是你办教育你给它划分层次。

比如说国外，在线教育从初建时期，允许你层次低一点，但是它就是质量保证，认证你，你不合格就得不到提升，提升到合格的时候，再给你权限，允许你办本科，然后你再往上办硕士和博士，都是一个专业一个专业认证，认证了以后你就慢慢打开。

国家开放大学——科研人员田晓燕

我们在搞开放教育的过程中发现，社会上还是有一些人戴着有色眼镜，对这个有看法。开放教育和普通高等教育其实它完全是两条道路，我应用型教育跟你研究为主的研究型人才培养是两条不同的道路。

这个你既然是叫继续教育，继续教育就各个层次都有，本科，甚至博士后都可以到我这儿办，从理论上来说，只要质量能够得到保障，都可以办。

国家开放大学——主持教师宋涛

因为我们中国高等教育包括普通高等教育和成人高等教育，成人高等教育不管从社会给予的评价也好，还是政府投入也好，都被认为是高等教育里面低质量的教育。大家可能也没有在学科的建设上投入更多。

所以你像英国开放大学有这么多学科的研究，居于英国领先地位，在某些学科上甚至是最厉害的。咱们讲到远程教育媒体啊、宇航空间研究啊，应该说在全世界都是领先的，它有自己学科的特点。但是电大就还是沿袭了传统的成人高等教育的发展模式，更多的是高校的移植，移植的时候是降低标准的移植，而不是突出特色的移植。

为什么我们希望让它纳入高等教育这个体系里呢？是因为在现有的管理体制里，开放教育不知道把自己归到哪一类，它得不到应有的发展政策规划和应有的政府经费支持，在现有的管理体制里面，对这类教育几乎什么支持都没有。现在提的是普通高等教育、高职教育、基础教育几类，再加上把我们这类教育变成了继续教育，对于这一类的院校到底怎么管，如何发展，基本没有指导。

北京开放大学——管理者罗小维

联合国的教科文组织的远程教育专家王一兵先生的一篇文章讲，现在的开放大学虽然叫大学，但实际上是高等专科学校。因为你不是真正意义上的大学。

一直到2016年，国家开放大学才开始可以授予自己的本科学位，再一个你看国际上的开放大学，都有博士、硕士学位授予权。

国家开放大学——管理者刘玉

目前我国在线教育面临着很多体制性的障碍，教育部2016年出台的《关于办好开放大学的指导意见》明确指出，开放大学是新型高校，但是政府管理体制并没有因此做出相应调整，开放大学难以获得与普通高校一样的政策支持。目前教育部仍没有突破传统的大学分类和身份管理体制，传统普通高校和成人高校的二元划分模式依旧占主体地位，这为开放大学的发展在政策空间、办学路径、社会认知以及学校学科建设、专业建设、师资队伍建设、科学研究等方面带来了一系列的障碍。国家对于开放大学的发展既没有制度保障，也没有相应的财政拨款与投入，开放大学长期以来一直处于边缘性的地位。[①]

在普通高校层面，尽管网络教育学院有着特定的学生群体和有别于传统高校的教学方式，但是在普通高校内部不受重视，有些普通高校仅仅将网络教育学院作为自己学校的创收单位，改革和创新的动力不足，没有意愿和兴趣投入较大的精力研究这一教学方式，切实地提高在线教育的质量。

① 徐辉富，魏志慧，李学书．开放大学五年：总结与反思——“开放大学建设进展与成效研讨会”综述[J]. 开放教育研究，2017(06):21-26.

第四节 在线教育机构内部机制分析

在研究过程中有 8 位受访者对在线教育机构的内部机制提出了自己的看法，占受访者总数的 25%，包括 6 位管理者、1 位主讲教师和 1 位科研人员。表 2–8 为访谈数据整理过程中回答此问题的受访者角色以及受访者谈及此问题的参考点，楷体部分为受访者回答这一问题时的代表性观点。

表 2–8 我国在线教育受访者对在线教育机构内部机制分析分布表

访谈者	角色	参考点
罗小维	管理者	2
田晓燕	科研人员	2
董鑫	管理者	3
陈新宇	管理者	1
赖晓红	管理者	1
陈应海	主讲教师	1
连文杰	管理者	3
孙一	管理者	2

开放教育本身很难克服的难题，是开放大学的系统办学，涉及全国范围内的教育，原有的那些体制，实际上是它的一个优势，但是某种程度上也约束了它的发展，不灵活了。开放大学最重要的是灵活，随时根据社会的需求，根据经济发展形式变化来设置专业、开设课程，满足学习者的需求。但它那一套庞大的运行体系，是全国统一步调，比如说像北京、上海经济发达地区的教育需求大，教育基础已非常好了，它可能能够学习国外的开放大学，但是在贫穷地区可能电大的作用还没发展到这种程度，还在满足最低层次的学历补偿。这种体制上的障碍如果突破不了的话，有时候会约束它的发展。

目前国家开放大学设置的专业是全国通用的专业，尽管也在改革，但还是有很强的普通高校移植痕迹。虽然 60% 是中央电大的统一课程，40% 是地方自设课程，但是专业本身有整体的结构安排，并不是说专业开发出来，设计的课程就解决了北京的问题。国家开放大学的课程开发人员并不一定能了解学习者到底是什么状态，可能更多地还是从学科设计本身的角度在做课程设计，而且你想想他设计出来的课程是针对哪个学习群体？北京的学习群体还是上海学习群体？云南的学习群体还是边远地区的学习群体？不同的学习群体是有差异的，而它所开发出来的课程却是通用的。但是毕竟各个区域有自己的特点，北京的学习群体的需求可能跟云南的不一样。所以未来就应该给地方更多的自主权，可以有一些统设的专业，供地方开放大学去选。

北京开放大学——管理者罗小维

国家开放大学全国办学的规模太大，各地的需求差异很大。就是因为太大了，你与上海电大的学生谈话，和与青海电大的学生谈，你会发现这两个人差距特别大。对同样一个问题看法都不一样。

整个开放大学的系统是双轨制，教学是一套系统，行政是各地方自己管。人事、财务这些是当地的管，国开没有这个权利。

如果内部是整个一套体系，你出事我就把你的职位免了，我就不要你了。所以现在也有种设想，就是OU的这种模式将来在省级开放大学实现，就是让省开放大学直接任命下面的。有过这种设想，可能会好一点，就是不知道能不能实现。

国家开放大学——科研人员田晓燕

北京开放大学只对直属学院有直接的人、财、物的管理权限，它就是我们的一个部门。但是我们对底下的分校没有直接管理的权利，我们不能直接管北京开放大学宣武分校或者海淀分校。它是一个比较松散的体系，那么怎么才能保证统一的教学质量？你刚才提到了开放教育质量不均衡，各省级不均衡，对于北京地区来说我的分校也是不均衡的。分校怎么才能做好呢？有的学校的校长比较明白，懂高等教育，能够抓好各个环节。如果学校的校长本身对高等教育一点没概念，不懂高等教育的规律，不懂开放教育规律，那它管理的学校就变成了一个办学点，在教学质量把控上、各个环节的设置上可能就不是很到位，不是很到位就会影响学生整体的培养质量。所以这是挺难处理的问题，为什么英国开放大学教学质量好，因为英开的学习中心是直属的，所有的学习中心归它管。

中国的开放教育系统是政府办学体制，我们底下的区县，也是属于他们区，区对分校的财政投入比我们市校的状况还要差。因为他们不但在投入上不足，还要从办学的学费收入里面提走一些。我们至少把学费收入运用到办学的成本上，比如说我的课程开发、我的资源开发，我的设备设施配制、教师队伍建设，我们可以用这笔钱，他们的那一笔钱更少，就会造成上面的宏观设计不能很好地在底下得到落实和执行。但是英国开放大学就不一样，各个学习中心可以按照统一的规划和标准运行。

所以我说，这是开放大学系统的问题，是自身很难解决的问题，并不是哪个学校自身能改的。

北京开放大学——管理者孙一

网院和学习中心是一个合作关系。我们委托学习中心来进行招生，进行考试组织和辅导。其实学习中心对教育质量有很大的影响。我了解到英国开放大学的学习中心全部是直属的，就是说它的所有的人、财、物全都归开放大学管，这是最理想的一种方式。

现在网院的学习中心对质量有时会起到副作用。为什么这么说呢？学习中心跟网院的办学根本目的不一样，学习中心大都以经济效益为主要目标，它会自然不自然地去抵抗一些制度规范和增加它的管理成本、增加负担的东西。甚至有发生过那种网院的人去监考，学习中心帮着学生作弊，反过来监视网院工作人员的怪事。

如果想理顺，做得好一些，让它促进网院的质量，最好把校外学习中心变成自己的。我们有一个自己的学习中心，只有北京的能够办。从我个人监考经历看到的，我可以非常自豪地说，每次考试我去看监考的情况，作弊的基本没有，因为管理得相对严一些。但是外地的学习中心我就不敢说了，其他的各个网院可能都会面临这个问题。

北京大学网络学院——管理者陈新宇

现在网院和学习中心的责任划分不清，我网院把这部分利润给了你学习中心，但是学习中心没有做到，我却拿学习中心一点办法都没有，因为它是独立的法人。我也问过一些网络学院的院长，他们认为大部分学习中心也就是起到招生代理和组织考试这两个作用，至于说学习期间的辅导、进度跟踪跟学习中心一点关系都没有，根本无法像承诺的那样去完成对学生的管理和辅导工作。

我们有自有的北京直属站，其实这样成本只会降低不会增加。现在是这样，校外学习中心帮你招生，帮你组织考试，另外你跟它之间本来协议约定的像辅导之类的工作它根本就做不到，做不到你拿他一点办法都没有，你自己又没有办法在外地设立直属的校外学习中心。

要是我们自有这个点的话，比如说我们自己有直属学习中心，这样管理上就好很多，实际上我把招生代理的费用刨除以后，我用几个人来维护这个点、来组织考试的话，我的成本能够降低很多，此外我的质量也会上升很多。

北京邮电大学网络学院——主讲教师陈应海

从开放大学的内部机制上看，目前国家开放大学与地方开放大学的办学自主权、办学主体的管理体制还存在较大的问题，尤其是教学内容的统一性与灵活性的关系，以及业务上的教学指导和行政管理双轨制的矛盾。国家开放大学这样庞大的系统实施统一化标准，就很难照顾到各地的差异及不同学习者的需要，国家开放大学对地方开放大学缺乏人、财、物等方面的监管与控制，各地方行政管理上的独立性也对开放教育的质量管理带来了很大的挑战。

此外，对于网络教育学院，比较突出的问题是地方学习中心与网络教育学院的关系。除了直属学习中心之外，网络教育学院与地方学习中心是合作关系，对学习中心没有人、财、物的控制与支配权，学习中心目前的主要职能是招生和组织考试，出于成本和利益的考虑，对学生教学过程的介入较弱，参与网络教育学院的教学工作动力不足，很难起到监督和指导教学的作用。地方学习中心与网络教育学院是经济利益共同体而不是教学质量共同体的关系，这也导致学习中心很难把工作重心放到在线学习者的质量管理上，它们的关注点主要集中在招生后的利润分成，在教学过程中学生的事情越少，就意味着越少的工作量，管理负担也越轻，考试通过率越高越有利于后续的招生。这种现状对在线教育质量的提升不但没有帮助，反而有负面的影响。目前教育部对学习中心建设政策的限制以及有效监督和管理机制的欠缺都对教学质量产生了不利的影响。

第五节 在线学习者的学习动机分析

在研究过程中有 14 位受访者对在线教育学习者的学习动机提出了自己的看法，占受访者总数的 43.8%，包括 6 位管理者、1 位主讲教师、2 位主持教师、2 位教学辅助人员、1 位面授辅导教师、1 位责任教师和 1 位班主任。表 2–9 为访谈数据整理过程中回答此问题的受访者角色以及受访者谈及此问题的参考点，楷体部分为受访者回答这一问题时的代表性观点。

表 2–9 我国在线教育受访者对在线教育学习者的学习动机分析分布表

访谈者	角色	参考点
李婷	班主任	2
唐翕	责任教师	3
皮蓉	面授辅导教师	1
孙幕	管理者	3
彭富杰	主持教师	3
黄丽君	教学辅助人员	3
欧阳晶	主持教师	2
彭小敏	管理者	1
刘勇	管理者	2
黄雁	教学辅助人员	1
蔡嘉伟	管理者	2
孙雪	管理者	1
雷晖	主讲教师	2
连文杰	管理者	3

现在咱们成人教育的学生很多拿学历，都是为了评职称，都是为了自己后期方便得到医院的认可，真正有学习动力的学生并不是太多。

普通班我不太清楚，就是说实验班那些学生我们这儿有一半的学生是真正能发自内心地认可我们这个学习课程，然后愿意投入精力，跟着老师探讨、学习这样的。也就一半的学生，还有一半的学生是说我勉强跟着，反正我都选课了，都交学费了，是出于各种原因他们才勉强跟着学习。

还有 10%~15% 的学生真的就落下来，他还在犹豫，还在考虑，这种课我能不能跟得上，我是不是要转回普通班，他们在犹豫，就没有再继续跟进学习了。

北京大学医学部网络学院——班主任李婷

我最直观的体验，其他同事也可能有这样的感觉，就是原来的那些学生是真想学，现在的学生可能就是为了要个证。因为他不知道，他没有在社会上工作过、经历过，他不知道他确实需要的是什么，有很大一部分是这样的。但是也有一部分愿意学习，像我们开设的物业、会计专业性比较强，学生本身就是干这个的。但是现在越来越多的学生比较年轻，他不知道要干什么，现在就是为了拿一个证的，没有文凭找工作也不好找，就是这样的，有这么一个趋势。

北京开放大学——面授辅导教师皮蓉

原来想象当中就认为学生是为了方便，更侧重在网络上、在家庭中这类灵活的环境中去学习。现在觉得学生自主学习的能力相对较差。

所以我们才有想法加强面授，让他们来上课。很多老师都提出这个要求，任课老师从交上来的作业，期末考试的评卷、答卷都能看出来的，学生的水平是不断地变差。你必须让他们在课堂上，想办法让他们听东西、学东西。

北京开放大学海淀分校——管理者孙幕

我们现在感到最困惑的是BBS答疑。按理说BBS答疑是好事，比如我们规定哪一时间段答疑某门课，学生上来有什么问题就问，实时答疑。但是经常是有时我们5点开始答疑，一直答到晚上10点，在线等着没有学生。这是现实，而且是非常普遍的现实。

有的学生虽然来了，是充个数，说老师我来报到来了，就完了。要不有的学生就问，老师怎么学好这门课啊？一些很宏大无法简单解答的问题。

北京开放大学——主持教师欧阳晶

首先他们入学的门槛相对较低。他们来学习目的不只是为了学习知识，更多是为了拿文凭，如果学习知识的话，就会自己去学。这样的学生占了绝大多数。

北京开放大学——管理者彭小敏

我觉得成人教育这一块，有人把学习的目的一分为三，也有一些不同比例的切割方式。也就是说，有一部分是就是为了得到一个学历，有一部分人既想得到学历，又想学点东西，来弥补自己理论方面的不足。因为他们是有实际工作经验的，还有一部分人是真的想过来学点东西的。

国家开放大学——管理者刘勇

老师教普通高校学生的时候，和教远程学生的时候，得到的反馈完全不一样。远程教育的学生多数是问怎么考试，怎么通过考试。传统的学生考虑的是，我在考试之前我还有哪些东西没学到，会就学术问题跟老师探讨的更多一些。在实际操作的能力上面，我们也看到了有学生会提出实际问题，但是95%以上的问题，都是跟最后的考试相关，和拿证相关。

对外经贸大学网络学院——管理者蔡嘉伟

根据我们的教学经验来讲，面授这种形式倒是不错，但是效果不太好，面授会提前告诉学生时间、地点，但是在职学生不是有这事就是那事，来不来无所谓，因为对面授没有考核要求。大部分学生并不是特别看重这个，并不是很珍惜你提供的三次面授时间。有时候好不容易请来的老师，准备半天，100多个人，就来了几个，我们曾经就出现过只来一个学生，你说怎么办，老师也挺郁闷的。

北京交通大学网络学院——教学辅助人员黄丽君

我感觉比较大的问题就是远程学生只能依靠自觉、主动，老师说得再多、再严重，他不当回事，一样没有用，我感觉这是网络教育能不能成功的关键，这个学生是为了拿文凭，还是为了通过不同形式学会一门手艺，学会一门知识。我什么意思呢？100个学生里面，我感觉咱们网院的学生有90个以上没有真学习，这不是对哪个学校哪个学院的诋毁，我就是一种感觉，每个学期的学生人数在200以上，你看平时成绩也好，看期末考试也好，你会发现他们没有学会，没有看书，这是最简单化的一个证据。

对外经贸大学网络学院——主讲教师雷晖

学生参加你的学习肯定是有他的目的和目标的，这种目的和目标里面有非常功利的短期目标，也有比较长远的未来人生发展的目标，对于短期目标来讲，他希望拿到一个文凭，他就可以跟经理说你看我有大学本科文凭了，他可以承担更多的工作，可以帮他提升，可以给他涨工资，可以给他提高级别，这是非常功利的。

从另外一个角度讲，社会竞争这么激烈，人家都有研究生文凭，你得有个护身符，有个敲门砖，从这个过程中间我希望学到点东西，自己给自己拔高起点，如果有可能的话，我会比现在做得更好，我们在跟别人竞争时我会不差，这是一个长远目标，所以学生本身就是比较复杂的，他在这两个目标间徘徊。

奥鹏公共服务体系——管理者连文杰

由于在线教育的入学门槛相对较低，参加在线学习的学习者学业基础薄弱，整体水平相对较差。大部分在线学习者的学习动机集中在拿一张文凭，对于自己的学业提升和院校的教学质量关注不多。此外，在线学习要求学生有较好的自觉性和自主学习的习惯，这对于很多自控能力不强，工作和家庭负担重的在职成人学习者来说是巨大的挑战。尽管在在线学习中设计了在线答疑和面授环节，但是学生的积极性和参与度不高，整体教学效果较差。

第三章

他山之石——在线与在校，质量相同

第一节　英国在线教育的质量观

英国开放大学成立于1969年，是英国境内唯一致力于开放与远程教育的大学。它是一所公立大学，其经费主要来源于英国高等教育拨款委员会以及各地区高等教育管理机构。根据2015—2016年度的统计数据，开放大学目前在读学生人数为174 739人，其中本科生人数为122 634人，研究生8 949人，海外学生人数为7 081人，残疾学生22 664人，他们中的76%是在职成人，利用业余时间学习，69%的学生年龄在25岁以上。①

尽管采用的是在线教育的方式，但英国开放大学以其优异的教学质量而著称，在历次英国高等教育的评比中，开放大学的教育质量均在全英高校中名列前茅。

英国在线教育的质量观是指专业人员对英国在线教育质量价值的选择以及质量功效实现程度的判断，主要体现在英国在线教育的质量目标和对英国在线教育质量结果的评价和判断两个方面。由于英国开放大学是英国唯一专门从事远程高等教育的机构，其专业人员的质量观可以从一个侧面反映英国在线教育质量观的整体情况。

一、英国在线教育的质量目标

在研究中，研究者向17位英国开放大学的专业人员问及“与牛津大学、雷丁大学、利兹都市大学等普通高校相比，您认为英国开放大学的质量如何？”

---

① Facts and Figures. [EB/OL]. http://www.open.ac.uk/about/main/strategy-and-policies/facts-and-figures..

和“如何看待英国开放大学的教育质量？”这两个问题时，有16位受访者从不同方面对开放大学与普通高校的质量进行了比较，直接或间接地表达了开放大学的质量目标，占受访者总数的94.1%，只有1位受访者表示不了解其他学校的情况，无法回答。表3–1为访谈数据整理过程中回答此问题的受访者角色以及受访者谈及此问题的参考点，楷体部分为研究者提出的问题及受访者回答这一问题时的代表性观点。

表3–1　英国开放大学受访者对开放大学与普通高校的质量目标对比观点分布表

受访者	角色	参考点
Darles	核心学术人员	1
Lucy	核心学术人员	9
Melare	学术辅助人员	1
Adam	学术辅助人员	10
Gayor	学术辅助人员	1
Alice	学术辅助人员	4
Jo	核心学术人员	4
Mark	核心学术人员	5
Mike	核心学术人员	4
Mary	辅导教师	6
Michael	辅导教师	3
Bob	责任教师	8
Peter	责任教师	4
Richard	责任教师	3
Anne	核心学术人员	2
Jordan	核心学术人员	2

（一）英国开放大学的目标是向学习者提供与普通高校相同的优质高等教育

研究过程中，有5位受访者将英国开放大学的质量目标与普通高校做了直接的比较，Bob是开放大学科学学院的副院长，也是一位责任教师，在开放大学有29年的工作经历，他从大学排名角度评价了开放大学在英国高校中的位置，研究者于访谈结束后在相关资料中找到了佐证，他对开放大学的评价是比较准确的。

研究者：如果有人认为，英国开放大学的学生质量并不好，而且因采用远程的方式，与其他普通的大学相比，教育质量也不太好，您怎么看待？

Bob：我觉得这是错误的。我们给人们学习的机会，但不会放水让他们通过考试，哪怕是最初级的S104课程。这是一门基础类的课程，有一半的学生无法通过它的考试。在不同的学习阶段，你需要通过六次类似于这样的课程考试，所以能够走到最后的学生，一定会达到很高的标准。

我们和其他高校在质量目标上没有什么差别，都是要提供优质的高等教育。英国有大约120所大学，有些如牛津、剑桥、帝国理工等世界名牌大学。在英国所有高校中，我们能排进前10名，大概在第6名左右。牛津、剑桥无疑排在我们前面，但是从教学质量方面来看，我们和他们所差无几，在研究方面我们要差一些，但是也绝不处于所有高校的末尾，在英国150多所院校中我们处于中上等水平，科研排名大概在45名左右。①

我认为开放大学的学术水准不会低于任何一所普通大学，几乎所有的外部评审员都会说，你们应该让更多的学生通过，让少一些的学生失败，但是我认为我们在正确的方向上。

Mary是一位开放大学的兼职辅导教师，同时在曼彻斯特大学某院系担任系主任，她根据自身的经验和直观感受将曼彻斯特大学的教育质量与开放大学做了直接的对比。

Mary：英国开放大学是我工作以来遇到的最好的大学，从创立伊始就陷入为自己的声望而战斗的境地。因为其他大学说它是远程的，不是真实的教学，开放大学通过大量的努力，去提升质量标准、设计课程、提升教学水平。我是曼城曼彻斯特大学的系主任，在一所传统大学里，我觉得英国开放大学的质量优于我们。

由于我在曼彻斯特大学从事教学工作，同时也是开放大学的兼职辅导教师，可能我在这个问题上更有发言权。与曼彻斯特大学相比，开放大学我花了更多的时间在质量保障上，比如课程团队、学术委员会、学习的评价、监督、反馈等方面。

开放大学设置了很高的质量目标，在质量上绝不比其他普通高校差，以教材为例，我的曼彻斯特大学的同事们在课堂教学中都在参考开放大学的教材，有时还会把我在开放大学授课的教案拿过去使用。

---

① 注：RAE 2008科研评估表明，英国开放大学在2008年全英大学研究评估中排名为第43位，REF 2014科研评估表明，英国开放大学2014年在全英大学研究评估中排名为第54位，关于REF 2014 results: table of excellence，参见https://www.timeshighereducation.com/news/ref-2014-results-table-of-excellence/2017590.article / 2018-08-26.

Mike 是开放大学的核心学术人员，在将开放大学的教育质量与普通高校相比时，他表达了对开放大学的充分的信心。

Mike：我想，在质量目标上我们和英国最好的大学一样出色。尽管由于教学形式不同，很多方面没有办法直接比较，但是在可以直接比较的方面，我们的质量不输给英国最好的大学。

Alice 是开放大学的学术辅助人员，她从大学的功能和学习方式的角度将开放大学和普通高校做了对比。

研究者：你认为，把英国开放大学和其他传统大学一起相比较，是不是有些不公平？

Alice：我觉得这还是可以接受的，因为我们毕竟最终要为学生提供学位，而且我们希望自己的学位能够被其他高质量的大学认可。所以在某种程度上说，我们的科研质量应该是和其他学校一样好，课程的质量也同样如此。我认为没有哪些我们不能和其他普通大学相比的。

作为一个合法的高等教育机构，我并不认为在评价课程的学术内容方面我们应该被特别对待。对于其他大学来讲，他们提供多种学习方式，这些高校在全日制的学习和业余时间制的学习上变得越来越模糊。与十年、二十年前相比，我们和普通高校的共性越来越多，在某些方面，我们在从事一些创新工作，我猜是因为我们已经解决了分布在各地的学生的学习问题。所以我并不认为，将我们与其他大学相比是不公平的。

Alice 还对开放大学的教学质量与标准提出如下看法：

Alice：我认为我们有非常高的声望，并且也愿意和牛津、剑桥以及其他很好的大学相提并论。毋庸置疑，我们与他们提供的是同等质量的教育。我想我们的质量被怀疑比其他大学低的原因在于我们没有和其他大学一样的准入门槛，我们向所有人开放。我们需要很清醒地认识到，我们要提供高质量的教育，尽管向所有人开放，但是需要培养学生达到相应的标准。所以我一定会和那些认为开放大学教育质量很低的人理论到底！

在人们进入开放大学学习之前，他们来自全国各地，并不需要有“A 等”这样的优秀成绩和良好的学术背景，开放入学，让我们的工作变得更为困难，因为我们并没有设定一个准入的能力标准，但是当他们进入第一级和第二级课程的学习的时候，他们需要达到相应的学术水平，我们对他们入学时的能力没有要求，但他们离开的时候，需要达到和其他大学的学生一样的学术水平。

我们有不同背景的学生，对他们来说达到我们的标准是很困难的。但是我们并不想降低标准，我们想在和其他大学比较的时候，高昂着头说，我们的标准和任何大学相同。

开放大学的受访者认为，与普通高校相比，开放大学设置了很高的质量目标，它在质量目标上要求自己的教学质量至少要与普通高校相同，并且将这一目标落到了实处，其教学质量在全英所有高校中排在前列，甚至还要超过很多普通高校。

（二）英国开放大学在线教育的质量标准与普通高校相同

研究过程中发现，有 4 位受访者从质量标准方面将开放大学与普通高校进行了对比。

Adam 是开放大学质量保障办公室的主任，也是一位学术辅助人员，他从对学生的毕业要求角度解释了开放大学设定的质量标准。

Adam：英国开放大学和其他大学没有什么差别，我们的评价方式也是相同的，尽管教学的方式不同，但是我们需要达到相同的标准。我们给学生提供学习的机会，并且帮助他们达到和其他学校一样的质量标准，我想学术圈里都清楚这一点。

在学术标准方面，我认为，我们有一套可靠的系统，我们有学术人员，满足英国高等教育的要求，在满足学术标准方面，我并不认为我们有任何问题。我们的学术标准并不比任何一所其他大学低，否则的话我们就会被叫停的。

我们并不能说，学生来我们这里时候，学业成绩很糟糕，那么我们就应该让他带着低于别的学校的标准离开。我们必须牢记，我们是一所大学，我们授予同等质量的学位，可能他们从 A 等到 B 等水平不一，花费的时间要比那些有 A 等成绩的、基础好的学生更长。一个学生来到开放大学时，可能起点很低，或者资质不够，但是当他们离开的时候，必须达到同等于或者优于其他大学毕业生的标准。

Anne 和 Lucy 是开放大学的核心学术人员，Alice 是学术辅助人员，Richard 是责任教师，Mary 是辅导教师，他们均从开放大学的学术质量水准与英国高等教育统一的质量标准的关系角度发表了看法。

研究者：如果和其他大学相比，您怎么看待开放大学的学术标准？

Anne：英国开放大学的学术标准不比任何一所大学低，从历史的角度来看，英国开放大学创立于 1969 年，没有厚重的历史、文化传统和政治资本。它虽然是一所年轻的大学，但是它的学生同样需要达到良好的质量要求。

Richard：我们符合统一的英国高等教育质量标准，我们的学术水准没有任何问题。与很多普通高校相比，我们对质量的要求更为执着一些。因为我们很害怕被人抓住质量上的小辫子，所以比一般学校有更多的内部检查和质量评价。

Mary：我在大学里教心理学，英国心理学会授予了开放大学一个资格，凡是能够在开放大学拿到心理学学位的学生，能够自动获得英国心理学会的会员资格。并不是每一所大学的学生都能够获得此项殊荣。所以我说，开放大学非常重视学术标准，使用监控、统计分析、考试、课程组等方法来保障质量。

Lucy：我们没有入学的门槛，任何人都可以进来，但是并不意味着对他们的毕业没有统一的质量要求。我们认为让每个人都达到相同的质量标准是可能的，尽管每个人在这上面花费的时间不同。

Alice：我并不认为，因为我们是远程教育大学，或者说仅仅由于我们的学生底子比较差，就可以在某种程度上降低标准。我并不认为，我们可以忽略这样一个事实，有些大学像牛津和剑桥，在英国，如果你在那里得到了一个学位，就会被认为比其他学校的质量要高。但是，我们也必须要清楚，高等教育有一个比较基本的标准，我们远程大学也不例外。

从根本上讲，我认为一所大学就应该像大学的样子，无论它的办学形式如何。

Bob 和辅导教师 Michael 从毕业生质量和学术标准的角度对这一问题做了回应。

研究者：如果让您将开放大学的质量，和一些著名的大学，如牛津、剑桥和雷丁大学相比，您怎么看？

Bob：近些年来，我们有学科评估，由于评估者主要是来自传统大学，他们并没有真正理解我们是怎样运行的，而且我发现，对于我们是开放入学的事实，改变他们的想法很困难。我们并不要求学生有三个 A 的成绩才能进入大学学习，你知道我们的学生，主要通过远程的方式进行培养，我们没有像传统大学那样为学生提供实验室和计算机教室，但是我们用其他的方式。尽管外部的评审人员也会进入大学，但是只有三天，向我们的学生，辅导教师和讲师了解情况，这是远远不够的。

关于学术标准，我想最后的标准应该是相同的，当学生刚开始来学习的时候，我们并不要求他有 A 级的成绩。与普通大学不同，我们并不要求学生，在第一年结束的时候，或者学习进行到一半的时候，达到与普通大学相同的水平，由于学生是远程学习，并且没有预期的学术要求，他们会花更长的时间达到标准。在我看来，如果把学生三个阶段的学习作为整体来看，以我自己为例，我认为自己在开放大学的学习质量远比我在杜伦大学的要高。

Michael：开放大学的毕业生质量，我猜应该和很多其他的学校相似，因为大学学位的内容正逐渐地被外部所控制，由于开放大学的学位正越来越与传统大学趋同，所以，开放大学的学术标准，在某种程度上也越来越和其他学校相同。

开放大学的学生毕业时必须达到英国高等教育统一的质量标准，在学术质量标准的设定上，开放大学不低于任何一所大学，英国开放大学的专业人员并不认为因为自己是远程教育，没有入学的门槛就可以降低自己的质量标准。

（三）在线学习只是一种学习方式，与教育质量没有必然联系

在访谈过程中，研究者向受访者问及“如何看待英国开放大学的教育质量？”和“与牛津大学、雷丁大学、利兹都市大学等普通高校相比，您认为英国开放大学的质量如何？”两个问题，在这两个问题的回答过程中，有6位受访者首先对远程教育和质量的关系表达了自己的看法，占受访者总数的35.3%。包括2位核心学术人员、2位学术辅助人员、1位辅导教师和1位责任教师。表3–2为访谈数据整理过程中回答此问题的受访者角色以及受访者谈及此问题的参考点，楷体部分为研究者提出的问题及部分受访者回答这一问题时的代表性观点。

表3–2 受访者对远程教育与质量关系的观点分布表

受访者	角色	参考点
Lucy	核心学术人员	1
Gayor	学术辅助人员	2
Richard	辅导教师	1
Jordan	核心学术人员	1
Adam	学术辅助人员	3
Bob	责任教师	3

下面是其中三位受访者就远程教育与教育质量表达的观点，一位受访者选择了教育质量与教育手段关系这一角度，一位受访者从学习环境与学习结果的角度表达了自己的观点，还有一位从英国开放大学的发展历程角度进行了阐述，在受访者中非常有代表性。

Lucy：有充分的证据显示，我们的毕业生的质量和其他学校的学生在同一水平线上。所以我说，并不是远程和面授的区别导致了学术水平的差异，有很多普通高校出于各种原因他们的面授教学质量并不怎么好。也有一些英国普通高校在开展远程教育，但是质量也不太好，这些普通高校对远程教育不是非常重视，没有像我们这样不断地改进它，像我们这样花这么大的精力来开发教学资源。所以好的远程教育完全可以和普通高校达到同等的质量水平。

Jordan：我并不认为面对面教学的质量相对于远程教学有绝对的优势，因为有太多的因素能够影响教学的效果。对于学生的学习经验而言，他可能在面授环境中获得较高的学习质量，但是也可能会在基于网络的虚拟环境中获得，所以我们不能简单地说某种形式的学习就一定会优于另外一种形式。

Richard：我认为远程与否并不是教育质量的主要差别。开放大学早些年，甚至在我来这工作以前，花了很大的力气来说服人们，这所大学的质量标准和其他大学是一样的，他的教学质量和其他大学一样好。有很多证据表明，一个好的远程学习系统，在保障质量方面、在达到和其他大学相同的质量标准上没有困难。

作为一所大学，而且是一所没有门槛让所有人都可以进入的大学，开放大学的主要的挑战在于，要为学生提供支持服务，要知道，并不是每一个来学习的学生都有充足的学术准备。每一次，我都要很小心地为那些没有充分学习准备的学生提供建议，要充分考虑远程学习的困难。经过一个漫长而复杂的过程，经过近二十年的努力，开放大学达到了很高的学术水平。我现在在数个课程考试委员会任职，我们的外部评审员来自不同的学校，他们会说，你们学校最好的学生，与来自有极高声望的大学的最好的学生相比没有差别。与普通大学相比，开放大学有更多处于中等或者合格的水平的学生，那是由于我们有相当大的学生规模，有一两门课，选修的学生人数达到上千人，一次演讲就有上万的受众。当你选择开放入学的方式，就意味着会有更多基础非常差的学生进来，有些学生无法通过考试。从我们的考试通过率和学生保持率就可以看出这一点。重点在于我们的教育质量以及为优秀学生提供的良好的学习机会。

远程教育到底应该是一种教育手段还是一种新的教育模式，这个问题在学术界存在很多争论。研究表明，以以上 3 位为代表的 6 位受访者都倾向于远程教育是一种教育手段，而教育手段与教育质量并没有必然的联系，学生可以在不同的学习环境中获得相同的学习结果，与传统教育相比，远程教育在质量上并没有绝对的劣势，完全能够达到与普通高校同样的质量标准。

（四）在线教育的高质量与高流失率

在研究过程中，随着访谈的进行，开放大学的质量目标、质量标准和普通高校相同甚至更高的观点愈发集中，在后续的访谈中，研究者向6位受访者追加了一个问题："既然开放大学的学术水准与普通高校相同，而开放大学又没有入学门槛的限制，有些学生的学术基础并不好，那么是不是意味着有很多人无法通过最后的考试？"有4位受访者对这一问题做出了直接的回答，他们是责任教师Bob、辅导教师Michael、核心学术人员Lucy和学术辅助人员Adam，他们向研究者解释了开放大学高质量标准与学生流失率的关系，在进一步的研究中，又找到了奥蒙德·辛普森（Ormond Simpson）对这一问题的研究材料，为流失率问题提供了数据支持。

Bob：在开放大学，学生的通过与否是一个自然选择的过程。开放大学的课程根据课程难度分为三个等级，分别对应本科教学的三个年级。根据以往的经验，大概有50%的学生无法通过第一级课程的考试，而后面阶段的学习会更难。我们给学生提供平等的接受高等教育的机会，但是我们在考试和通过准则上绝不让步，哪怕是像S104（探索科学）这样的基础课程。这只是在开放大学学习的一个开始，接下来要完成六次类似的学习，通过考试才能毕业。与此同时，参与学习的学生可能有很重的家庭负担，可能要照看和抚养孩子，所以能够通过最后考试拿到学位的人，他的学习一定是高质量的。

Michael：坦白地讲，基础课程就像一个过滤器，表现优秀的学生可以很快地通过考试进入到下一阶段的学习中去，而比较差的学生通不过考试，可能会辍学或者流失掉。

Adam：我想有人站在那里，就等着我们降低标准，然后把我们踢下去，因此我们在教学质量上必须要小心。所以有一些学生会被淘汰，比如在基础学位的学习中，我就告诉学生，你们必须努力，如果你们通不过考试，达不到一定的质量标准，那么就会被淘汰。如果不这样，就会让开放大学的文凭贬值，同时也对通过努力学习获得学位的学生不公平。因此我可以说，在开放大学获得的文凭与在其他学校一样有价值，他们在质量上没有什么区别。

正如奥蒙德·辛普森所言：我们做了各种毕业情况调查，一个无法回避的事实就是开放大学最主要的产出就是辍学的学生。有大约65%的学生无法从开放大学毕业，我想普通高校可能不足10%。对于大部分学生来说，他们的学习结果就是无法毕业。只有约 60% 的学生会提交他们的第一次作业，有大概 55% 的新生可以通过第一门课的考试，大约只有 35% 的学生最终能够顺利拿到学位。①

英国开放大学远程教育研究专家奥蒙德·辛普森的研究结果表明，开放大学的学生在 12 年的学习有效期内，毕业率为 22%，相对于普通高校 82% 的毕业率而言，英国开放大学的毕业率只有普通院校的四分之一，是英国非全日制学生毕业率（39%）的一半左右。其中，有 40% 的学生在提交第一次作业之前流失，流失率在不同专业和课程中有较大的差异。②

由于英国开放大学采取开放入学的政策，力图向每个人提供平等地接受高等教育的机会，但是在教学上有严格的学术质量标准，对于达不到质量要求的学生采取淘汰的办法，所以就出现了高流失率、低通过率的现象，通过宽进严出的方式来保障教学质量。

专业人员普遍认为，开放大学的质量目标是取得与普通高校相同的质量水准。在开放大学与普通高校质量比较这个问题上，受访者认为远程与面授只是不同教育手段的区别，教育手段和教育质量没有必然的联系，远程教育也并不意味着低质量。开放大学作为英国高等教育系统的一员，在法律地位和办学自主权上与其他高校没有任何差别，质量水准也与其他高校相同，开放大学的教学质量不低于任何一所大学，甚至要高于大部分普通高校。开放大学在保持高质量标准的同时，采取宽进严出的质量控制手段，通过淘汰达不到质量要求的学生来实现质量目标。

二、英国在线教育的质量结果

在线教育的质量观第二个方面的内涵就是专业人员对英国在线教育质量结果的评价和判断。在问及“您是如何看待英国开放大学的教育质量？”这一问题时，17 位受访者分别从对开放大学质量的整体评价、英国开放大学课程材料的质量、学习支持服务的质量、科研的质量、学生满意度情况和外部评审员的评价五个方面对英国开放大学的教学质量做出了评价和概括。

---

① Ormond Simpson.（2013）Student Retention in Distance Education: Are We Failing Our Students? [J]. *Open Learning: The Journal of Open, Distance and e-Learning*, 28(2),105-119.

② Ormond Simpson. (22% Can We Do Better?)—The CWP Retention Literature Review Final Report[EB/OL]. Milton Keynes：The Open University, 2010:5. http://www.ormondsimpson.com/USERIMAGES/Retention%20literature%20review.pdf.[2018-10-20].

（一）从结果上看，英国开放大学实现了质量目标

研究过程中，被问及“您是如何看待英国开放大学的教育质量？”这一问题时，有13位受访者从质量目标实现的角度对这一问题做出了回答，占受访者总数的76.5%。表3–3为访谈数据整理过程中回答此问题的受访者角色以及受访者谈及此问题的参考点，楷体部分为受访者回答这一问题时的代表性观点。

表3–3 英国开放大学受访者对英国开放大学质量目标实现的总体看法分布表

受访者	角色	性别	参考点
Lucy	核心学术人员	女	9
Gayor	学术辅助人员	女	1
Anne	核心学术人员	女	3
Mary	辅导教师	女	6
Richard	责任教师	男	4
Darles	核心学术人员	男	2
Adam	学术辅助人员	女	10
Jo	核心学术人员	女	4
Bob	责任教师	男	8
Melare	学术辅助人员	女	1
Michael	辅导教师	男	4
Peter	责任教师	男	2
Jordan	核心学术人员	女	3

Lucy：在教学质量上，我认为开放大学比普通高校要更好一点，我想强调的是，我并不是因为在开放大学工作存在偏心而这样说的。客观地讲，我们能够达到和普通高校一样的质量水准，在某些方面甚至要超过他们。

Melare：我想如果我们要比较开放大学和普通高校之间的差异，需要看学习的结果，从我们希望学生获得的知识层面看，他们的学习结果是完全相同的。我认为大部分的学术技能，也是相同的，他们都需要写学术论文，都需要阅读文献，做此类的事情。在生活技能方面两者可能会有很多差异，比如说，年轻人第一次在没有父母照看的情况下离家去大学学习，他们需要学习如何管理财务，以及一系列的他们以前从没有做过的事情。

如果说点偏心的话，我会说我觉得开放大学会更好一点，如果不允许我有这种倾向的话，那么我可能会说，开放大学的质量至少和普通高校是相同的，在某种程度上，学生在开放大学，得到更多。

Bob：和其他学校相比，牛津和剑桥无疑是最棒的，但是在可比较的方面，开放大学和其他的学校至少一样好。通过外部评审员系统，这些评审员来自其他大学，他们看我们学生的作业，以及学生学了什么。他们会说“对，这就是二年级学生应该学的东西”，他们用同样的标准来检验我们。

Peter：我想，在英国如果其他大学和牛津剑桥相比，都会感到有些挑战。因为牛津和剑桥，他们的教学和学生录取方式与其他的学校不同。所以我暂时不考虑这两所大学，但和英国境内的其他大学相比，以历史专业为例，我们学生毕业的时候，他的学术水平与雷丁大学、伦敦大学、埃克塞特大学相比，没有任何差别。

Gayor：我相信，在开放大学拿到学位的学生，不比在其他任何大学拿到学位的学生差。如果我是一个大公司的雇主的话，让我看到有人拿的是开放大学的学位，而另外一个人拿的是不太知名的大学的学位，我会更加倾向录取开放大学的学生。

Michael：我想，你没有办法保证质量绝对相同。不同大学之间还是有差异的，比如说，教师和课程。我们有上百年的外部评审制度，有各种对于学术标准的检查，所以我说，大学之间的质量还是比较接近的。开放大学的质量与其他学校相比没有什么不同，我并不认为开放大学置身于其他大学之外。尽管大学之间会略有差异，教学方法也不同，但是在质量结果上没有什么不同。

Bob：开放大学在教学方面的表现相当好，你知道在英国有 160 多所大学，我们在教学方面排在前十名，大概在第六的位置。牛津和剑桥在很多方面领先于我们，在科研方面，他们要好很多，我们的科研排名大概在四十多名左右，但是在教学方面，我们相差不远。我是一个牛津大学的外部评审员，因为我们会到很多大学评审，这样就会了解到不同大学内部的质量情况。在教学质量方面，开放大学做得非常好。质量保障署的评审结果显示我们的教学质量相当不错。

在研究过程中，核心学术人员 Darles 和辅导教师 Michael 引用外部审查员对开放大学的质量评价作为开放大学教育质量的论据，认为从外部人员的观点很好地说明了开放大学的质量结果。

Darles：我们的外部审查员来自其他大学，他们在检查我们学生的作业和考卷时，经常说“对，这就是二年级学生的作业和试卷，你们对学生的评分要求以及给分情况和我们学生的没有什么差别，是在同一个水平上的。”

Michael：开放大学的心理学专业比较特殊，你可能知道，有一个叫英国心理学会的组织，它有皇家宪章。英国议会有一个法案，赋予了英国心理学会监督全国的心理专业的权利，目前英国开放大学通过了心理学会的审查，所以我们的心理学专业，与全国任何一个大学的心理学专业没有区别。除了 QAA 之外，我们也要接受英国心理学会的监督和审查，所以这个专业有点特别。在开放大学也就有一两个专业是这样的。据我所知，工程专业也得到了专业组织的认证。

研究发现，76.5% 的受访者认为从结果上看，开放大学达到了设定的质量目标，其教学质量与普通高校保持在同一质量水准，从外部审查员的评价中也体现开放大学在课程、作业和考试方面都与普通高校保持一致。

（二）开放大学的课程材料

研究过程中，被问及“您是如何看待英国开放大学的教育质量？”这一问题时，有 9 位受访者从课程材料的角度对这一问题做出了回答，占受访者总数的 53%，他们在访谈过程中共 15 次涉及这一主题。表 3–4 为访谈数据整理过程中回答此问题的受访者角色以及受访者谈及此问题的参考点，楷体部分为受访者回答这一问题的代表性观点。

表 3–4 英国开放大学受访者对开放大学课程材料质量的观点分布表

受访者	角色	参考点
Gayor	学术辅助人员	2
Anne	核心学术人员	1
Richard	责任教师	3
Darles	核心学术人员	1
Melare	学术辅助人员	2
Alice	学术辅助人员	1
Michael	辅导教师	3
Peter	责任教师	1
Tom	学术辅助人员	1

Gayor：关于开放大学课程的质量，我可以给你一个很好的例子。几年前我在一次晚宴上认识了一个人，当我告诉他我在开放大学从事课程开发工作时，他非常激动地告诉我，他曾经在开放大学学习历史，那些教材的质量真是太棒了，他仍然保留着那些教材。上次他去罗马旅行时，就把其中的一本教材放到摩托车后座里，为他的旅行提供了非常大的帮助。我

想这是一个关于我们的课程教材以及学生体验的极好的例子，在完成学业之后，他还保留着课本，尽管已经很破旧，还带着它到处旅行。

Darles：开放大学的课程材料非常棒，从远程学习的角度来看，它称得上是黄金准则。但是人们只要一提起远程教育，肯定指的就是开放大学，他的课程和教材的质量相当高。

Michael：我在曼彻斯特大学从事教学工作，同时也是开放大学的兼职辅导教师。我记得，当我开始在开放大学教学时，我在曼大的很多同事曾不屑一顾，但是我发现，他们在偷偷看开放大学的笔记。你去任何一所大学你都会发现，他们的老师都在参考开放大学的教材，但并没有心存感激。所以在我看来，这就是声望的来源，它来自人们的口耳相传，来自报纸，来自学生的作品，来自政府的评价，来自就业的项目，我认为开放大学的声望正在上升，最开始它的声望不佳，但是在不断地缓慢提升。

研究发现，专业人员对英国开放大学课程质量的认可度相当高，很受学生欢迎，开放大学开发的大部分课程材料都对外公开发售，很多教材被用在其他大学的教学中。

Gayor：我们的课程材料有着很高的声望，毫无疑问，这种说法你在很多地方都能听到。很多其他大学在使用我们的教材。我们乐于看到这些，当然他们也证明了我们教材的质量之高。我们也知道，在大部分情况下，辅导教师们也得到了高度的评价。在某种程度上也印证了保持课程质量的重要性，而且我们也专注于此。

Michael：对于开放大学，一个很清楚的质量事实就是我们的课程材料极其优异。我怀疑在普通大学里面找不到相同质量的教材。大多数情况是学生们只是记教师的笔记，现在更多的是PPT，然后参考一些与课程没有特别密切关系的材料。课程材料的质量，是教育质量的一个重要指标。我认为开放大学的课程材料质量相当高。

Gayor：在我看来，开放大学的课程材料相当棒，从某种意义上，我们教材的质量全世界都可以看到。在普通大学里，教师将自己和学生封闭在教室，除了他们的学生之外，没有人知道发生了什么。我的意思是他们的课程并没有经过严格的同行评价，这和我们的材料摆在所有人面前接受批评不一样。

Richard：开放大学在整个英国范围内课程材料的标准极高。人们在开放大学花费了巨大的努力来保障课程材料的质量，因为他们知道，这些材料不仅为学生所阅读，而且还被同侪所评价。大部分课程材料都对外公开发行，你可以在英国的任何一家书店里买到开放大学大部分的课程材料。这些材料不仅仅提供给开放大学的学生，还被其他学术人员用来教学或应用到科研领域，这本身就决定了它的质量水准。

（三）开放大学的学习支持服务

研究过程中，被问及“您是如何看待英国开放大学的教育质量？”这一问题时，有 7 位受访者从开放大学为学生提供的支持服务角度做了回答，占受访者总数的 41.2%，他们的访谈内容共 17 次涉及这一主题。从角色分布来看，与学生接触较多的责任教师、辅导教师和学习支持服务方面的辅导人员更多地从学习支持服务角度评价了开放大学的教育质量。表 3–5 为访谈数据整理过程中回答此问题的受访者角色以及受访者谈及此问题的参考点，楷体部分为受访者回答这一问题时的代表性观点。

表 3–5 受访者对开放大学学习支持服务的看法分布表

受访者	角色	参考点
Richard	责任教师	5
Melare	学术辅助人员	3
Michael	辅导教师	1
Gayor	学术辅助人员	2
Adam	学术辅助人员	1
Bob	责任教师	2
Mike	核心学术人员	3

学术辅助人员 Melare 从事学习支持服务方面的工作，她从开放大学为弱势群体学生提供服务的角度表达了自己的观点。

> 我认为我们在为多样化的学生群体提供支持服务的方面做得非常好。我们的学生中有很多残疾人，如盲人、失聪的人、肢体残疾的人，还有许多有学习困难的人。我们在为他们提供一对一的服务方面，积累了丰富的经验。我想我们甚至为他们投入了过多的资源而有些忘记了那些普通的学习者，那些看起来不错，但是可能也需要帮助、支持、服务的学习者。我们不断地帮助学生分析他现在的学习进度应该在哪里，需要学习什么，为什么学习相关的内容，下一步还应该学什么，哪些因素可能影响他的学习，他职业成长的路径在哪里？为远程学习者提供支持和服务是我们的核心任务之一。

责任教师Bob从自己的工作经历出发评价了开放大学的学习支持服务工作。

> 我在杜伦大学——一所很有声望的大学得到了我的第一个学位，当我回想起那里的教学时，我觉得真的很糟糕，你知道传统的讲师，他们了解这个学科，但是并不想在教学上花时间。但是开放大学在教学上面做了很多。我觉得大部分的大学都没有做这么多，它们都并不是真的非常关心学生。相当数量的学生，从开放大学开始他们的高等教育，如果想更快地拿到学位，可以去另外一所大学完成学业，把学分转过去。他们认为在传统的面授大学，能够得到更好的个人支持，但是他们发现，老师们根本就不知道他们是谁。将近两百个学生挤在一间大教室里，他们中间的一些人是面临毕业的学生，甚至有博士生，讲师们不知道他们的名字，并且很快就把他们忘掉了。然而在开放大学，他们通过计算机学习，会有一个或几个辅导教师个性化地帮助他们。学生们经常说，他们在开放大学的系统中，得到了更多的个性化的支持，比传统大学还要多。
>
> 我们在学习支持方面做得非常好，在开放大学工作的这些年中，我见过很多人中断了普通高校的学习来到开放大学，因为他们认为在这里得到的支持和服务更多。

学术辅助人员Gayor从学习支持服务部门的角度对学习支持服务提出了自己的看法。

> Gayor：我觉得学习支持服务是为那些真正想利用它的学生准备的，开放大学的学习服务非常好。但是有很多学生并没有充分地利用它，因此在学习上遇到了挫折。你可以把马牵到河边，但是你不能强迫它喝水，不是吗?

辅导教师Michael将自己女儿在普通高校获得的支持服务与开放大学的学习支持做了对比。

> 最近我两个女儿的经历可以反映开放大学学习支持服务的一个方面。她们一个读医学，另一个做地理方面的研究。与开放大学相比，她们看起来并没有和他们的辅导教师有过更多的接触。尽管他们见面可能更加容易，但是通常是她们要等很多天才能安排一次见面，甚至收到一封邮件的回复也要等好久。所以我想，网络和电子邮件时代的到来使得开放大学在很多方面与传统高校更加接近，而传统高校似乎走到了另一端，明明是可以面对面在校园里进行授课，它们却把课堂放到了网络上。

总体上来看，发表观点的受访者认为英国开放大学的学习支持服务相当好，它有一套完备的辅导教师系统为学生提供面授辅导和学术支持。在某些方面，开放大学的学习支持服务甚至好于普通高校。

（四）开放大学的科研

研究过程中，被问及“您是如何看待英国开放大学的教育质量？”这一问题时，有 4 位受访者从开放大学的科研角度做了回答，包括 2 位责任教师、1 位学术辅助人员和 1 位核心学术人员。他们的访谈内容中共 4 次涉及这一主题。表 3–6 为访谈数据整理过程中回答此问题的受访者角色以及受访者谈及此问题的参考点，楷体部分为受访者回答这一问题时的代表性观点。

表 3–6　英国开放大学受访者对开放大学科研质量的观点分布表

受访者	角色	参考点
Richard	责任教师	1
Bob	责任教师	1
Anne	核心学术人员	2
Melare	学术辅助人员	1

责任教师 Richard 从科研与教学活动比例的角度表达了对科研质量的看法。

在我看来，牛津和剑桥并不是在每一个学科领域都是最好的，特别是在教学方面。教学与科研的关系是一个非常复杂的问题，科研人员的大部分时间都被研究所占据，他们在教学上面花的精力要少很多。

与牛津、剑桥相比，开放大学的科研不如他们，但是在教学方面我们并不比他们差。相比之下，我想开放大学的一个显著特点就是并没有从外部拿到更多的科研资助，它拿到的资助大部分都是教学方面的。我们有 95% 的活动都是围绕教学展开的，只有 5% 是与科研相关的。所以在科研质量方面我们和一些学校还有差距。

核心学术人员 Anne 从不同学科科研力量的差异角度阐述了开放大学整体的科研质量。

我认为，大学的主要功能是教学、科研和社会服务，从教学的角度来看，开放大学有一个非常高的标准，但是在研究方面，不同学科之间有巨大的差异。有些学科有良好的国际声望，世界领先。比如地球科学，乔斯林·贝尔·伯奈尔（Jocelyn Bell Burnell）教授，她现在在布里斯托大学任教，曾经在开放大学工作，那是皇家宇航学会第一位女主席，还有约翰·扎内基（John Zarneki），主要从事火星探测研究，在大学中有着非常高的声望，发表了非常多的高质量研究成果。

但是在社会科学方面，我们就不是那么的好了，在英国研究评估排名中就不高。像 KMI（知识媒体研究所）和 IET（教育技术研究所）都有非常好的研究成果，但是在其他一些领域就要逊色一些，所以我觉得，不同学科领域在科研方面的差异很大。

责任教师 Bob 从开放大学科研的功能、定位角度表达了自己的观点。

一所大学没有科研，就不能称其为大学，对于开放大学的科研，学校内部也有很多争论。其中很重要的一个方面就是开放大学的科研定位是什么，科研对于开放大学的贡献是什么，通过科研加强了教学还是削弱了教学，因为科研占用了学术人员很多时间，使他们没有更多的精力从事教学工作。

学术辅助人员 Melare 从开放大学的特点方面对科研提出了自己的看法。

Melare：在开放大学的科研方面，与其他大学相比的话，取决于你想比较的是哪一个领域的研究。

从个人的情况看，我自己对研究并不是特别有兴趣。但是对于大学来讲，如果没有研究活动就不能称之为大学。在我看来，开放大学 95% 的活动都是围绕着教学来展开的，有 5% 的活动是与科研相关的。所以开放大学在研究方面，不同学科的差异非常大。

研究发现，受访者对于英国开放大学科研质量的看法不一，比较一致的观点是科研对于开放大学非常重要，它提高了开放大学的声誉，使开放大学成为一所真正意义上的大学。同时指出，开放大学不同学科的科研发展并不平衡。在 2014 年英国大学科研评估中，开放大学名列 54 位，也证明了这一点。[①]

① REF 2014 results: table of excellence [EB/OL]. https://www.timeshighereducation.com/news/ref-2014-results-table-of-excellence/2017590.article/. [2017-08-26].

第二节 英国在线教育质量分析

英国高等教育质量保障署2015年对开放大学的院校评估报告显示，开放大学在学术水准、学生服务、学习机会方面都达到了质量保障署的要求，符合英国高等教育统一的质量标准。[①]

从专业人员对英国开放大学的质量结果的反馈中可以看到，受访者对英国开放大学的课程材料、学习支持服务和科研方面都给予了很高的评价，他们认为开放大学的教学质量可以和英国任何一所大学相媲美。

开放大学的课程材料质量优异，很多普通高校都在教学中使用，非常受学生欢迎。开放大学为学生提供了良好的支持和服务，它有一套完备的辅导教师系统为学生提供面授辅导和学术支持。在某些方面，开放大学的学习支持服务甚至好于普通高校。但是在科研方面，受访者认为英国开放大学学科之间的科研质量发展不平衡，尽管在某些领域的研究比较靠前，但是整体上还没有达到一流大学的水平。

一、政府拨款为开放大学的教育质量提供了经费保障

政府公共教育经费是我们的重要收入来源，开放大学大约有1/3的收入来自政府拨款。

英国开放大学——核心学术人员 Mike

根据约翰·丹尼尔的质量、规模和成本的铁三角形模型理论，办学质量与成本息息相关，没有一定的投入，很难保障教育质量。作为英国高等教育系统的一员，开放大学与普通高校一样，其办学经费主要来源于英国高等教育拨款委员会。

英国高等教育拨款委员会2017—2018年度的财政报告显示，开放大学从高等教育拨款委员会获得的拨款总数为61 839 199英镑，占英国全部高校教学拨款总额的5.22%，在所有高校中遥遥领先，是排名第二的伦敦大学国王学院的1.51倍。同时，开放大学获得的科研经费为8 850 445英镑，占全英高校

---

① *Higher Education Review of The Open University* [R]. Gloucester: The Quality Assurance Agency for Higher Education, 2015:2.

科研经费总额的 0.65%，位列全英高校第 37 位。因此，英国政府对开放大学在经费上的资助是保障学校办学质量的一个重要外部因素，表 3–7 可以展现 2017—2018 年度英国高校所获拨款的大体情况。

表 3–7 2017—2018 年度英国高校财政拨款情况统计表 ①

教学经费排名	高校名称	教学经费	科研经费	成果转化经费	拨款总额	教学经费占全英高校总比例
1	开放大学	61 839 199	8 850 445	811 101	71 500 745	5.22%
2	伦敦大学国王学院	41 031 947	66 713 998	2 850 000	110 595 945	3.46%
3	伦敦大学学院	39 977 869	133 748 075	2 850 000	176 575 944	3.37%
4	曼彻斯特大学	34 062 500	68 904 926	2 850 000	105 817 426	2.87%
5	诺丁汉大学	29 709 480	49 227 922	2 850 000	81 787 402	2.51%
6	帝国理工学院	29 154 002	94 304 659	2 850 000	126 308 661	2.46%
7	布里斯托大学	29 142 895	46 670 260	2 850 000	78 663 155	2.46%
8	利物浦大学	28 867 864	28 820 777	2 850 000	60 538 641	2.44%
9	伯明翰大学	28 611 162	40 488 425	2 850 000	71 949 587	2.41%
10	伦敦大学玛丽女王学院	26 997 029	32 153 422	2 850 000	62 000 451	2.28%

英国开放大学财务报告显示，2015—2016 年度学校总收入为 4.75 亿英镑，这些收入主要来自政府拨款、学费、教育合同收入、科研资助和科研合同收入，捐赠与投资收益以及其他收益等方面。其中政府拨款占总收入比例的 25.52%，学费及教育合同占 52.19%，这两项收入之和占到了开放大学总收入的 77.71%，从表 3–8 中可以看出，政府拨款和学费收入是开放大学主要的财政来源。

表 3–8 英国开放大学 2015—2016 年度收入一览表 ②

收入来源	总额（百万英镑）	占总收入比例
政府拨款	123.1	25.52%
学费及教育合同	248.0	52.19%
科研资助与合同	15.3	3.22%
捐赠与投资收益	44.5	9.36%
其他收益	44.3	9.32%

① Annual funding allocations 2017-18[EB/OL]. http://www.hefce.ac.uk/funding/annallocns/1718/.[2017-10-21].

② Financial Statements 2016[EB/OL]. Milton Keynes : The Open University, 2016: 2. http://www.open.ac.uk/foi/main/sites/www.open.ac.uk.foi.main/files/files/ecms/web-content/Financial-statements-2015-16_pdf.pdf.[2018-10-20].

二、英国高等教育质量保障署的外部规范与评价起到了监管与质量控制的作用

英国高等教育质量保障署是英国统一的高等教育外部质量保障机构，它是一个独立的非营利性组织，其使命是通过合理的高等教育资格标准来维护公众的利益，并促进高等教育质量管理不断改进。英国高等教育质量保障署制定了一整套高等教育学术质量规则，主要工作内容包括高等教育质量基准、优异教学框架、学位授予建议和就业技能四个方面，用于保障和指导英国高校的教育质量。[①]

英国高等教育质量保障署对开放大学的质量管理主要表现在两个方面。首先是通过高等教育质量标准规范开放大学的办学行为，使其质量水准与英国高等教育体系中的其他高校处于同一水平，客观上也保障了开放大学的教育质量与普通高校具有可比性；其次是对开放大学的院校评估，由英国高等教育质量保障署的质量审核小组深入学校通过文献调研和现场与员工和学生座谈的方式检查开放大学对英国高等教育质量保障署质量标准的执行情况，并对学校内部质量管理进行评价。

2015 年 12 月，英国高等教育质量保障署结束了新一轮的院校评估，发布了关于开放大学的质量评估报告。评估报告显示，院校审核小组通过现场调查和大量相关资料的研读，对开放大学的学术质量标准和质量管理表示满意，认为学校为学生提供了良好的服务，学生学习的质量、学习机会符合英国高等教育的要求。审核小组对开放大学广泛邀请外部专家审核其质量标准是否与其他高校一致的做法表示肯定。审核小组认为开放大学采用的“阶段门”的方式有效地保障了在线资源的质量，同时对开放大学的“广泛参与”项目以及为残障人士提供更多的受教育机会表示赞赏。[②]

从访谈的结果来看，开放大学的专业人员认为开放大学作为英国高等教育系统的一员，每年从英国政府得到公共财政拨款，要向纳税人负责，所以必须接受英国高等教育质量保障署的监督，接受政府和公众的问责。依据统一标准接受英国高等教育质量保障署的评估和审查也为开放大学提供了证明自己教育质量的机会，也使得开放大学的教育质量与普通高校更具可比性。同时，由相同的组织进行质量审核的价值在于评审结果更加客观可靠，使开放大学与普通高校的质量对比更有说服力。

---

① *The UK Quality Code for Higher Education* [R]. Gloucester: The Quality Assurance Agency for Higher Education, 2015: 6.

② *Higher Education Review: The Open University* [R]. Gloucester: The Quality Assurance Agency for Higher Education, 2015: 2.

我想我们必须要接受英国高等教育质量保障署的评审，因为我们很大一部分经费来自政府，花的是纳税人的钱，我们不得不接受问责。与其他大学一起接受英国高等教育质量保障署审核的价值在于评审结果的可靠性，也为我们提供了证明自己教育质量的机会。

英国开放大学——学术辅助人员 Adam

我们没有什么是不能和普通高校相比的，我想这取决于审查小组审查的是大学的哪个方面。但是作为一所独立的、受法律保护的大学，我并不认为开放大学在学术水准和课程内容上要与普通高校区别对待。况且普通高校现在也开始开展远程教育，全日制学习与业余学习的界限也变得越来越模糊。

与15到20年前相比，我们和普通高校的差距可能更小，在在线教育方面我们有很多的创新，我并不认为我们比普通高校差，任何来评价我们的人都能认识到我们在教学对象和教学方法上是与普通高校不同的。

英国开放大学——核心学术人员 Lucy

对于英国高等教育质量保障署标准的适用性问题，受访者认为由于教学方式的差异，与普通高校使用同一标准进行评估为开放大学带来了一定的困难，来自普通高校的评估者可能不是非常了解远程教育，也可能对开放大学保障质量的措施理解得不是很到位，但这些并没有对采用统一质量标准评估造成严重影响。一方面开放大学需要向英国高等教育质量保障署更好地解释自己的方式，另一方面英国高等教育质量保障署也在不断地增强对在线教育的理解。

关于英国高等教育质量保障署的标准是否适合开放大学，我想举一个相似的例子。我们设立了一个针对年轻人的基础学位，由外部机构进行认证。这个认证委员会设置了一系列类似于英国高等教育质量保障署那样的质量标准，他们说你们必须做这个，这个，还有这个。但是里面很多都不适合开放大学，我发现我应该做的就是领会外部认证标准的内涵，弄清楚他们到底要取得怎样的学习结果，并向他们解释我们所做的工作尽管表面上与普通高校不同，但是的确是符合他们标准要求的。再说英国高等教育质量保障署，我们花了很多的时间来向不熟悉开放大学工作，不了解远程教育的人解释我们是怎样工作的，和他们一起讨论标准的真正要求是什么，要求学生达到怎样的学习结果，并证明我们的做法是能够达到这样的结果。

英国开放大学——学术辅助人员 Gayor

过去，英国高等教育质量保障署对远程教育了解的并不多，但是他们花了很长时间来了解远程教育，现在这方面已经取得了很大的进步。我想其中一个重要的原因是一些普通高校开始从事在线教育，只有当他们开展在线教育的时候才意识到他们将面对的是什么，进而理解我们的工作。另外一个原因是英国高等教育质量保障署聘请了一些在线教育领域的专家，他们了解作为在线教育的办学者，开放大学取得了怎样的成就。

英国开放大学——核心学术人员 Anne

三、外部评审员制度为与普通高校质量作比较提供了依据

外部评审员制度是英国高等教育质量保障最有特色的内容之一，其出发点是同行评价，外部评审员主要由其他大学的教师组成，通过对不同学校教学质量进行监督和比较，监督和审查目标学校专业和课程的质量标准，进而保障各高校相同专业的处于相近的质量水准。[①]

外部评审员在开放大学的主要工作包括两方面内容：其一是为开放大学课程材料的质量水准把关，通过对课程材料的阅读和审核并与其他学校对比，对课程质量进行监督并提出修改意见；其二是检查开放大学的授课与考试内容，通过检查比照开放大学考卷难度和水平与普通高校同等层次学生的异同，同时监督辅导教师的给分情况，保障学生的学习结果得到公正与合理的对待。这对于开放大学与普通高校保持同一的质量标准具有重要意义。由于外部评审员均来自普通高校，通过他们将开放大学质量标准与普通高校进行比较，一方面达到了对开放大学进行质量监督的目的，另一方面使普通高校对开放大学加深了解，有助于学分转换与互认工作的开展。

我们的质量与其他高校具有可比性的一个重要方面就在于外部审查员。像我就是牛津大学的一个外部审查员，所以我知道我们和牛津的课程是在同一个水平上。也正因为外部审查员，使得不同高校能够互相了解，将教学质量维持在一个相对一致的水平上。

英国开放大学——责任教师 Bob

我们在课程开发过程中会受到外部的监督，每一门课程都有外部评审员来阅读我们的课程材料，并提出修改意见。只有他们点头，说“这个课

① *External Examiners' Understanding and Use of Academic Standards*[R]. Gloucester: The Quality Assurance Agency for Higher Education , 2016:1-9.

程质量没问题”的时候，我们下一步的课程开发工作才能继续进行下去，如果他们对某部分内容提出质疑，或者说这个不符合质量标准，我们就得重写或者修改，他们在保障我们课程质量达到一定的标准上起到了很重要的作用，同时他们承担的责任也非常大。

英国开放大学——责任教师 Richard

四、英国全国学生调查为社会提供了外部监督的窗口

英国政府从2005年开始组织全英大学生满意度调查，调查经费来自政府财政预算，英格兰、威尔士、北爱尔兰的所有公立高校和苏格兰地区的大部分高校均被要求参加。学生满意度调查的对象是最后一年级的本科生，调查有22个问题，主要包括课程教学、评价与反馈、学术支持、组织与管理、学习资源、个人发展和总体满意度七个方面的内容。调查的主要目的是评测学生对大学所提供服务的看法以及预期的满意程度，以此作为改善学校和学生之间的关系、监测教学质量、促进学校发展、指导未来新生选校的重要手段。[①]2016年，有来自357所院校的300万名英国学生参加了大学满意度调查，从调查结果上看，开放大学一直在学生满意度方面表现优异，曾三次荣登榜首（见表3-9）。开放大学对全国学生调查结果也格外重视，认为该项调查是反映学校教学质量的重要指标，每年由专门的部门负责对调查结果进行深入分析和研究，并将改进意见反馈到教学中去。

表3–9 2016年度英国开放大学学生满意度调查一览表[②]

地区 / 年份	学生总体满意度 (%)			在英国不同地区的学生满意度排名		
	2014	2015	2016	2014	2015	2016
英格兰地区满意度	91%	89%	89%	10	28	27
苏格兰地区满意度	92%	93%	91%	2	1	2
威尔士地区满意度	91%	91%	89%	1	1	4
北爱尔兰地区满意度	93%	92%	91%	1	2	2

① The National Student Survey (NSS)[EB/OL]. http://www.thestudentsurvey.com/about.php.[2017-10-22].

② *National Student Survey 2016: Summary of Results for The Open University Relative to the Rest of the HE sector* [R]. Milton Keynes: The Open University, 2016:6 .

在过去的几年中，开放大学在全国学生满意度调查中一直表现不错。这为我们赢得了非常好的声誉，学生满意我们为他们提供的服务。

英国开放大学——核心学术人员 Mark

教学质量与学校在学生中的声誉密切相关，开放大学的全国学生满意度调查结果一直很好，这在一个方面也证明我们的质量受到了学生的认可，特别是在教学方面。由于我们的学生满意度一直很高，如果某一年突然降低，就意味着我们的质量出了问题，因此学校对这项全国范围内的调查非常重视。

英国开放大学——学术辅助人员 Alice

由于全国学生满意度调查的结果与政府拨款及学校的招生有密切的关系，因此它已经成为学生选择学校的一个风向标。由于调查结果反映了不同大学开设课程的情况以及学校对学生提供的支持服务，很多高中生会参照学生满意度的调查结果做出上哪所大学的决定。同时，全国学生满意度调查也是英国高等教育质量保障与监督的重要组成部分，它向英国公众提供了了解高等教育质量以及问责的机会。

研究结果表明，英国开放大学的专业人员并不认为在线教育的质量与在校学习应该有所区别。无论是对开放大学教育质量的目标还是质量结果，开放大学的专业人员认为都达到了英国高等教育质量标准。受访者对英国开放大学的课程材料、学习支持服务和科研方面都给予了很高的评价，他们认为开放大学的教学质量可以和英国任何一所大学相媲美。

在课程设计方面，受访者认为开放大学的在线课程材料质量优异，非常受学生欢迎。在学习支持服务方面，开放大学为学生提供了良好的支持和服务，有一套完备的辅导教师系统为学生提供面授辅导和学术支持，有些方面甚至优于普通高校。在科研方面，受访者认为英国开放大学学科之间的科研质量不均，在有些领域处于领先地位，但是综合来看，在英国排在中上等水平。

英国政府将在线教育纳入统一的公立高等教育体系，并在财政上给予大力支持，[①] 在线高等教育拨款占高等教育经费总额的 5.22%。[②] 与普通高校一样，

① The Open University Charter and Statutes [EB/OL]. http://www.open.ac.uk/foi-docs/charter.doc.18/. [2017-10-12].

② Annual funding allocations 2017-18[EB/OL]. http://www.hefce.ac.uk/funding/annallocns/1718/. [2017-10-21].

开放大学需要接受高等教育质量保障署的监督和审核，外部评审在促使其保障教学质量的同时，也为开放大学提供了证明自己教育质量的机会，使得开放大学的教育质量与普通高校更具可比性。英国开放大学采用外部审查员制度进行同行评价，这些外部评审员均来自普通高校，他们在工作中不断地将开放大学质量标准与普通高校进行比较，一方面达到了对开放大学进行质量监督的目的，另一方面也使普通高校对开放大学的教育质量有了深入的了解。全国学生调查为学校的教学质量提供了重要的反馈渠道，有助于开放大学了解学生对教学质量的满意度，改进教学内容和方法。此外，英国开放大学还将课程和教学材料置于学术界、社会和公众的监督之下的方式，这些措施都有助于开放大学不断改进与提高教学质量。

纵观整个英国高等教育，英国开放大学属于英国公立高等教育体系的一员，受英国皇家宪章保护，具有从本科到博士独立的学位授予权，每年得到大量的政府拨款，其质量标准与要求也与其他高校相同。英国开放大学坚持在线教育与普通高等教育质量的同一性，这与英国高等教育的整体结构密不可分，是英国开放大学根据英国的国情、教育发展阶段以及所处的社会、历史、文化背景做出的现实选择。

第四章

重中之重——在线教育的课程与资源

第一节 课程资源是质量保障的关键

一、英国开放大学专业人员对课程资源的看法

研究发现，被问及“您认为哪些是保障开放大学质量的关键要素？”这一问题时，受访者观点高度一致，英国开放大学有 8 名受访者认为课程资源是质量保障的关键要素，占受访者总人数的 47.1%，其中包括 3 位核心学术人员、2 位责任教师、2 位学术辅助人员和 1 位辅导教师。在受访者中，表 4–1 为访谈数据整理过程中受访者对课程资源与质量的观点编码分布图，楷体部分为受访者回答这一问题时的代表性观点。

表 4–1 英国开放大学受访者对课程资源的观点分布表

受访者	角色	参考点
Mary	辅导教师	1
Bob	责任教师	2
Lucy	核心学术人员	1
Jo	核心学术人员	2
Peter	责任教师	3
Adam	学术辅助人员	2
Darles	核心学术人员	3
Alice	学术辅助人员	3

开放大学提供的课程材料是非常重要的。因为我们是远程教育，很少能有与学生见面的机会，他们主要是靠学习资源来完成学业的。几年前，

我有一个学生远在新西兰，距离英国非常遥远。所以高质量的课程材料对他这样的远程学习者就非常非常重要。

英国开放大学——辅导教师 Mary

课程资源的质量相当重要，我们需要保证他们绝对没有问题。我们的课本、DVD 还有其他材料的质量都相当高。无论是在线与否，无论是课本还是网站，这些材料都经过了很多评审员的检验。

英国开放大学——学术辅助人员 Alice

我们为远程学习者开发课程，这对于教学质量非常关键，我们在开发的过程中要做质量监控，学习资源、课本、软件以及相关的学习资料在开发过程中都要做质量控制。

英国开放大学——学术辅助人员 Adam

对于质量来讲，一个非常重要的因素就是课程材料的质量。开放大学的教学材料有非常高的声望，你可能听说过，很多大学都在用我们的教材。我觉得这没什么不好，从另一个方面也证明了我们课程资源的质量。

英国开放大学——核心学术人员 Jo

课程资源相当重要，如果课程材料不能吸引学生的兴趣，他们就不会拿起课本阅读。作为一名课程设计人员，你要非常小心地注意课程难度总体要适合学生的水平。你编写的课程材料要符合学科知识的要求，也要和学生的能力及水平相匹配。

英国开放大学——核心学术人员 Lucy

英国开放大学的受访者认为，在线教育区别于普通教育的一点在于教与学的时空分离。课程资源是学生学习的重要依据，因此课程资源的质量对于教学质量至关重要。此外，课程资源需要与学生的学习过程相结合才能发挥出应有的作用。

学生接触远程教育是从一盒子的课程材料开始的，当他们打开盒子时，这些材料要最大程度上满足学生的需要，提供必要的学习内容并呈现给学生。

很多年前，当我开始在开放大学工作时，我们内部对一个问题有争论，很多人认为好的课程材料能够帮助学生从头到尾都不需要辅导教师的支持。如果真的能做到，那么这样的课程材料无疑是相当棒的，所以课程材料特别重要。

但是有一点我们要注意，根据学术内容开发出合适的课程材料是一个方面，但是如何将这些材料呈现并且用到学生的学习中去更加重要。

英国开放大学——核心学术人员 Darles

二、我国在线教育专业人员对课程资源重要性的观点

研究发现，被问及“您认为哪些是在线教育质量的关键要素？”这一问题时，我国在线教育专业人员中有18名受访者认为课程资源是质量保障的关键要素，占受访者总人数的56.3%，其中包括7位管理者、4位主持教师、3位主讲教师、1位科研人员、1位教学辅助人员和2位班主任。表4–2为访谈数据整理过程中受访者对课程资源与质量的观点编码分布图，楷体部分为受访者回答这一问题时的代表性观点。

表4–2 我国在线教育受访者对课程资源的观点分布表

访谈者	角色	参考点
董鑫	管理者	1
黄丽君	教学辅助人员	2
陈应海	主讲教师	1
雷晖	主讲教师	4
连文杰	管理者	4
李刚	管理者	1
何开惠	主讲教师	1
宋涛	主持教师	3
孙幕	管理者	1
彭富杰	主持教师	2
罗小维	管理者	2
汪东红	主持教师	2
赖晓红	管理者	2
田晓燕	科研人员	2
汪东红	主持教师	1
宋利川	班主任	1
刘玉	管理者	2
田洪	班主任	1

对学生的培养最终会体现在一门一门的课程设置上，所以课程肯定是一个关键要素。但是还有一个问题，大家都是在强调学科自身的完善性，按照统一学科规范在建设这个课程，这个专业必须有哪些课程，有哪些学术内容不可缺少。但是可能对教育对象本身的研究不够，比如说电大的学生确实是以在职人员为主，在职人员已经有了丰富的工作经验，我们往往不太关心他缺少了什么、需要学习什么，对他们的培养方式仍然是要学生把整个专业的完整体系完整地学习下来，现在的问题是针对在职人员的特点而进行的课程设计不足。

比如说在职成人本身很多工作经历会投射到课程学习里面。比如说像来北开学习法律的，很多是法官，区里检察院的，他们本身就是办案子的，他们在学习过程中会很有针对性。我学习什么，我需要老师给我什么，在教学过程中可能有所体现，但是课程设计里面体现不足。怎么把教学过程提炼出来的东西转化到课程里面，这个做得不够。

北京开放大学——管理者罗小维

对资源质量的保证最重要的有几个方面，课程建设开发、学习管理、学习支持服务（因为我们学生管理和学习支持服务是分开的）、技术支持，主要是这四大部分。

华东师范大学网络学院——主讲教师何开惠

对于在线教育，课程很重要。我现在那个 Java 课程，我就设计了一些环节来获得学生的反馈，我发现明显的二八定理，有 20% 的学生真的是想学的，而且愿意花时间学，愿意学好，从大部分人的消费心理来讲，他花钱买了你的服务，他也不希望你给他的服务就是垃圾，他可以选择不接受你的服务，但是他不能容忍你给他提供不好的服务。

北京邮电大学网络学院——主讲教师陈应海

提供好的学习资源，才能提供好的学习环境，网络教育总体来讲就是课程的建设，授课的过程。

北京大学医学部网络学院——管理者董鑫

我觉得课程的设置和开发比较重要，保证课程的水准和课程开发之后，要有教学过程。我们讲到的课程更多指的是资源，包括教材、主教材、文字教材、辅导的教材、视频、音频。

平时讲的课程一般指静态的资源，这些静态的资源没有教学过程。对于国开来说还有一个面授课。因为我们采用的是多种媒体，除了这个以外还有面授辅导，面授课可以作为静态资源的一个补充。

国家开放大学——主持教师宋涛

网络教育最重要的就是课程设计，它对质量的意义非常大。我觉得这是人才培养的一个关键，怎么样能更适合成人呢，我们在2006年的时候就想对成人教育做一系列改革，在农科上，根据社会的需求、岗位群的需求设计专业，这个专业需要先确定培养学生的哪些能力，再到你的课程体系、教学内容、教材，这是一条线。

中国农业大学网络学院——管理者赖晓红

我国受访者认为，课程资源是保障在线教育质量最为关键的因素，好的学习资源是学生有效学习的前提和基础。目前我国在线教育课程在培养目标、人才需求、课程设计等方面与在职成人学习者的需要还存在一定的差距。另外，虽然加入了一定的面授辅导课程，课程资源仍以多媒体教材、文字教材、辅导教材等静态资源为主，与学习过程的联系还有待进一步加强。

第二节 学习结果分析与课程目标设计

一、学习结果分析是课程开发工作的前提

在访谈中，被问及“课程资源的开发过程中哪些环节对于质量的影响最为关键？”这一问题时，5 位英国开放大学的受访者强调“基于结果的课程开发”是课程开发中非常关键的要素。这 5 位受访者包括 1 位责任教师、3 位核心学术人员和 1 位学术辅助人员，他们都长期从事开放大学的课程开发工作，在课程开发的过程中积累了非常丰富的经验，在他们看来，课程资源的开发需要特别重视提前设计出学生的学习结果。表 4–3 为访谈数据整理过程中持该观点的受访者角色以及受访者谈及此问题的参考点，楷体部分为受访者回答这一问题时的代表性观点。

表 4–3 英国开放大学受访者对把基于学习结果的课程开发作为关键要素的观点分布表

受访者	角色	参考点
Darles	核心学术人员	1
Alice	学术辅助人员	2
Richard	责任教师	2
Lucy	核心学术人员	2
Mike	核心学术人员	1

Mike 是开放大学材料工程系的副主任，在开放大学有 35 年的工作经验，长期从事课程开发工作。

课程材料的开发要从学习结果的设定开始，并在开发课程的过程中不断靠近这些学习结果。在课程设计的过程中也要考虑媒体、工具和课程内容的细节。其中学生在课程学习结束之后能做到什么是最重要的，这是一系列开发环节中应该不断考虑的。所以必须要给学生设定一个合适的学习结果以便让学生一开始就知道他们学习后会得到什么。

在课程开发的过程中，你需要设计评价任务和适当的教学活动，以评价学生是否达到了你设定的学习结果。

英国开放大学——核心学术人员 Mike

Richard在开放大学工作了30年，他是开放大学社会科学学院的责任教师，参与过多门课程的开发工作，他介绍了课程设计中没有考虑好学习结果的失败教训。

影响课程开发质量的一个很重要的因素就是根据学生所能取得的结果来设计学习活动。换句话说，课程的内容要经过精心的设计，有良好的结构，同时还要考虑学生的基础和学习时间，只有这样才能达到理想的学习效果。

我们在课程设计上曾经犯过很多错误，总是把大量的学习内容，甚至这个学科的所有知识都放到课程里面去，而没有考虑到学生的能力和水平。所以我认为课程设计中首要考虑的因素就是学生的学习结果和能力水平。

英国开放大学——责任教师 Richard

Darles是计算机系统的教授，在开放大学有20年的工作经验，他认为一切教学活动都应该围绕学习结果展开。

明确课程要取得的效果是课程开发工作的首要任务，我们必须清楚学生学完我们的课程后能够获得怎样的学习体验，以及我们通过课程和教学能使学生达到怎样的学习结果。同时我们还要界定为了达到预期的学习结果，学生要掌握哪些知识和技能，以及我们如何教给学生这些技能，学习结束后还要评价学生在知识技能上是否达到了预期的水平，这是非常非常关键的。

英国开放大学——核心学术人员 Darles

Alice是一个有着8年工作经验的学术辅助人员，有着丰富的课程开发经验，组织和开发过多门课程。

从我的课程开发经验看来，我们的首要任务就是要明确我们希望学生学习结束后达到什么样的目标和结果。也就是，在学生现有的基础和水平上，我们希望学生能够达到怎样的结果。

所以我们需要教会学生相应的技能以及如何做，这一点是非常重要的。并且我们要评价学生是否达到了我们的要求，是否具备了相关的知识和技能。我认为这是课程开发工作中最重要的方面。

课程开发不能仅仅只是如何向学生传授知识和技能，还要包括对于学生学习结果的评价方案。确保给学生机会去实践这些技能，并且培养他们成为独立的学习者，同时为未来的学习做好准备。所以我认为对于课程开发而言，对知识、技能做出评价都是必需的。

英国开放大学——学术辅助人员 Alice

Lucy是开放大学广泛参与中心前负责人，一个有9年工作经验的管理人员，目前在教育系从事教育领导力方面的研究，同时作为核心学术人员承担课程开发工作。

我认为我们必须非常清楚课程的学习结果是什么，在课程开发的过程中需要认真地对待，学生学习结束后能够达到怎样的效果。

英国开放大学——核心学术人员 Lucy

受访者认为在课程设计之前，课程开发人员必须非常清楚学生的预期学习结果，即通过该课程的学习后，学生能够取得怎样的学习效果、获得什么样的知识和技能，这是学习设计过程中首先要明确的问题，所有的教学和学习活动都需要围绕预期的学习结果展开。

二、学习结果分析案例：课程 A112《文化的转折点》

学习结果是对学生在课程或专业学习结束时需要知道、理解和能够做的事情的阐述。学习的结果不仅包含学习的内容，还包括学生的认知发展和核心技能的提升，以及对学科知识的应用。在课程开发过程中预先设置学习结果的目的在于[①]：

- 让课程的要求和学业成就对学生、教师、雇主或专业组织明确可见；
- 让学生对自己在学习过程中取得的成效和持续的改进做出判断；
- 帮助学生成长为独立的终身学习者，能够适应快速发展的社会和经济环境的要求；
- 帮助课程组在课程开发的初始阶段将教学材料和评价材料清晰地关联起来；
- 作为质量保障框架的重要组成部分；
- 帮助专业设计管理学习内容的衔接性和连续性。

学习结果的数量对不同课程而言可能会有差异，但是无论哪门课程都应该

① Chris Edwards. *Learning Outcomes, The Curriculum Management Guide: A Guide to the Production and Presentation of Programmes. Qualifications and Modules in the OU* [R]. Milton Keynes : The Open University, 2017:2.

为学生提供足够的信息，让他们了解学完课程之后能够取得哪些成果。同时要为课程组提供足够的灵活性以便将学习结果整合到评价中。英国开放大学的学习结果主要以下面四种方式呈现①：

1. 知识和理解，主要指学生应掌握的学科内容的广度和深度；

2. 认知技能，包括分析、综合以及批判性推理等掌握学科内容的能力；

3. 核心技能，包括有效沟通、处理数字与图形工作、IT 工具的运用、使用在线资源检索信息、学会如何学习等具体的技能；

4. 实践与专业技能，包括特定学科领域的技能，如实验室或田野工作，专业领域和行业的要求。

（一）课程 A112《文化的转折点》介绍

课程 A112《文化的转折点》（简称“A112”）是英国开放大学艺术与人文学院面向大学一年级学生开发的一门基础课程，该课程共由三个模块构成，上课时间为 30 周，总学分数为 60 学分。

这门课的主要目的在于帮助学生了解文化和社会的变迁过程，以及文化的变迁对当代艺术和人文领域的影响。通过让学生了解历史与当下的文化，掌握跨学科的领域与方法，反思作为独立的个体如何规划与发展自己。A112 是一门在线学习课程，学生主要通过在线学习环境学习，课程组会提供学习材料和纸质版的教材，图书馆以及第三方资源的支持，具体课程内容如下②：

模块一：变迁的时代（第 1~10 周）
这一模块包括 6 个单元的跨学科学习内容和 2 个单元的自选学科学习内容，同时需要完成 2 个辅导教师批改作业。跨学科领域学习包括艺术史、古典文学研究、英语、历史、音乐、哲学和宗教研究等内容。
模块二：思想的力量（第 11~20 周）
这一模块包括 6 个单元的跨学科学习内容和 2 个单元的自选学科学习内容，同样需要完成 2 个辅导教师批改作业。这一单元在学习过程中会有自我诊断性测验和针对具体内容和活动的批判性反思内容。
模块三：新的视角（第 21~30 周）
这一模块主要包括学生选定特定学科领域的 7 个单元的学习内容。课程在第 21 周会安排复习与展望环节，以方便学生做出选择和规划。学生可以通过论坛、自我诊断工具、音视频材料帮助自己做出选课决定。在这一模块，学生要完成选定学科的作业。

① Chris Edwards. *Learning Outcomes, The Curriculum Management Guide: A Guide to the Production and Presentation of Programmes. Qualifications and Modules in the OU* [R]. Milton Keynes : The Open University, 2017:2.

② Gerry Bolton. *Module specification for A112 Turning Points in Culture. Open University.* [R]. Milton Keynes : The Open University, 2017：11-14

（二）课程《文化的转折点》学习结果设计[①]

（1）知识与理解维度

A112 课程结束后学生将学会：

A112 学习结果描述	评价方法
1. 通过对艺术与人文的学习深入理解不同文化的内涵	体现在所有的辅导教师作业环节
2. 知道和了解历史与当下的文化转变的思想和实践的重要时刻	体现在所有的辅导教师作业环节
3. 知道和了解艺术与人文的不同学科领域	体现在所有的辅导教师作业环节
4. 加深对不同艺术与人文学科关键概念、术语和方法的了解，包括艺术史、经典研究、历史、英文与创新写作、音乐、哲学与宗教研究，创造、检验、分析和解读人工制品、文本、历史和相关实践	体现在所有的辅导教师作业环节

（2）认知技能维度

A112 课程结束后学生将学会：

A112 学习结果描述	评价方法
1. 采用批判性的方式表达自己熟悉或不熟悉的观点	体现在（除第 1，2，4 以外的）所有的辅导教师作业环节
2. 能够根据情境和历史的演变选择不同文化或不同历史时期的文本、人工制品、思想、争论和艺术作品进行分析	体现在所有的辅导教师作业环节
3. 运用关键术语去理解和分析艺术与人文学科领域中的核心概念，并分析有关争论	体现在辅导教师作业（3，4，5）环节
4. 在特定情境中找到和运用不同的证据，运用合适的语言就某些论点做出评价并得出结论	体现在辅导教师作业 (2，3，4，5) 环节

（3）实践与专业能力维度

A112 课程结束后学生将学会：

A112 学习结果描述	评价方法
1. 规划自己的学习、有效地管理时间，在规定期限内完成任务	体现在所有的辅导教师作业环节

---

① Gerry Bolton. Module specification for A112 Turning Points in Culture. Open University. [R]. Milton Keynes : The Open University, 2017：11-14

续表

A112 学习结果描述	评价方法
2. 在回答问题时组织思想、形成观点并展示独立的思考，直接解决问题并评价对方观点的优点	体现在所有的辅导教师作业环节
3. 从特定的资源中收集和筛选信息，运用合适的方法检验其相关性与精确性，运用并展示良好的学术实践	体现在辅导教师作业（2，3，4，5）环节
4. 在学习过程中培养技能和经验，并思考如何将这些能力应用到工作和其他场合	体现在辅导教师作业（3，4）环节
5. 持续地完成作业并做出积极的反馈，反思自己的学习方式，将自己培养成为独立的学习者	体现在辅导教师作业（3，4）环节
6. 自我督促并取得成就	体现在辅导教师作业（4，5）环节
7. 认识到用适当的形式向特定的观众展示工作和成果的重要性	体现在除辅导教师作业（3，4，5）以外的所有环节
8. 在网络环境中采用合适的形式参与活动实践并与他人对话	体现在辅导教师作业（4）环节

（4）关键能力维度

A112 课程结束后学生将学会：

A112 学习结果描述	评价方法
1. 获得与提取信息，从文字材料、音视频材料及线上线下学习资源中做笔记	体现在所有的辅导教师作业环节
2. 运用基本的 IT 技能提交作业，搜索在线资源，运用在线学习工具进行交互	体现在所有的辅导教师作业环节
3. 为支持在线讨论、协作性活动和分享数字化内容做贡献	体现在辅导教师作业（1，4）环节
4. 针对学科知识和特定的对象，清晰地呈现自己的观点和采用合适的方式展示自己的作品	体现在所有的辅导教师作业环节
5. 形成良好的学术行为和规范，使用恰当的形式引用其他人的成果	体现在所有的辅导教师作业环节

三、合理的课程目标设计是保障课程质量的关键

研究发现，被问及“您认为哪些是保障课程资源质量的关键要素？”这一问题时，有6位中国受访者认为课程设计的目标设定至关重要，占将课程资源作为关键要素人员总数的33.3%，包括3位管理者、1位班主任、1位责任教师和1位主讲教师。表4–4为访谈数据整理过程中持该观点的受访者角色以及受访者谈及此问题的参考点，楷体部分为受访者回答这一问题时的代表性观点。

表4–4　我国在线教育受访者对在线课程目标的观点分布表

受访者	角色	参考点
连文杰	管理者	2
田洪	班主任	1
唐翕	责任教师	1
李刚	管理者	1
蔡嘉伟	管理者	1
何开惠	主讲教师	1

在线教育的受众群体是在职成人，课程就更应该跟他的工作实践结合起来，甚至于如果说今天学到的东西，明天在工作上就能用得上，那么他的兴趣会非常浓。但实际上我们发现一开始我们试点的时候，确确实实绝大多数网院是照搬校内成教或者普通本科的教学内容，也就是社会的需求产生变化了，但是我们对于这种实际需求的分析和改进仍是比较滞后的，我们说学生不爱学习，实际上是不是真的不爱学习？

这个我跟一位院长有一次讨论，他现在接受了我的观点，我说你提供的东西是人家不爱学的，不能说人家本身不爱学。就像我们做菜似的，你的菜不符合人家的口味，还谈不到菜做得好吃与不好吃的问题。

奥鹏公共服务体系——管理者连文杰

现在我们有些课程是照搬传统高校的体系，比如说会计是我们的传统专业，要是这个开放教育培养的是应用型人才，有些高深的理论你就不要开一些必修课，因为学生确实考不过。例如高级财务会计主要的讲授内容都不是一个企业日常经营过程中的经营管理和会计操作，而是一些大的特殊的程序，学生实际工作中接触的比较少，甚至有的人做一辈子会计，像这些企业合并、外贸他都接触不到。但是它又是中央电大的必修课，就必须学这门课，而这些课对学生的实用价值不是很大。

这些课我觉得，要是国开搞改革的话，必须改革这些东西，不能照搬普通高校理论水平比较高的，或者为了将来去更高层次工作的那些人的培养目标，这个得调整，要向实际型、普及型方面调整，大多数学生学完了以后，到一个企业后很多都接触到了。当然有的毕业了以后，到高层次的地方去了，但是我觉得这不是开放教育培养的最重要的任务和最基本的目标。

北京开放大学朝阳分校——责任教师唐翕

在线课程开发的最关键的要素就是实用性，还有就是学生的需求。你比如像《如何开发大客户》这门课，占两个学分，它实际上带有点理论，又和实践相结合，等于我们从外面去请的企业老师来讲课。就是非学术型的老师去给他讲如何开发大客户。

像院里讲的课程，肯定把这个里面的理论讲得头头是道，但是对于如何开发大客户，就完全围绕职业来讲。

对外经贸大学网络学院——管理者蔡嘉伟

中国受访者认为，在课程设计中，课程目标决定着课程开发的方向，所以课程目标的分析非常重要。由于在线教育以应用型人才培养为质量目标，因而在课程目标上，更应该考虑在职成人学习者的学习需要，相对于普通高校的课程要减少理论化的内容，增加课程的实用性，结合实际需要解决学生的具体问题。

第三节　课程组的课程开发模式

一、课程组的开发方式是保障课程质量的关键

研究发现，被问及“您认为哪些是保障开放大学质量的关键要素？”这一问题时，有 9 位英国开放大学的受访者认为采用课程组的课程开发方式，在保障课程资源的质量方面起到了关键作用，占受访者总数的 53%。包括 3 位核心学术人员、3 位学术辅助人员、1 位辅导教师和 2 位责任教师。表 4–5 为访谈数据整理过程中持该观点的受访者角色以及受访者谈及此问题的参考点，楷体部分为受访者回答这一问题时的代表性观点。

表 4–5　英国开放大学受访者对课程组模式的观点分布表

受访者	角色	参考点
Mark	核心学术人员	4
Gayor	学术辅助人员	1
Adam	学术辅助人员	2
Jo	核心学术人员	2
Mary	辅导教师	1
Bob	责任教师	6
Alice	学术辅助人员	2
Mike	核心学术人员	3
Richard	责任教师	2

对于开放大学，我们采用课程组的方式开发课程，它是保障课程质量的重要手段。我想在每个院系，课程开发工作都受到了最严格的检查。因为高质量的课程事关开放大学的核心利益，所以每个单位都投入大量的时间和精力密切关注课程的质量。

英国开放大学——核心学术人员 Mike

课程组的开发模式，同侪评价的方法为开放大学的质量保障做出了极大的贡献。

英国开放大学——学术辅助人员 Adam

我们的课程都是采用课程组的形式开发的，它是集体智慧的结晶。同时，每门课程都有外部的检查员，我们还会邀请辅导教师和课程评审专家对我们所开发的课程进行评价。我认为这些方法都有效地保障了我们课程的质量。我不是说个人不能开发出很棒的课程，而是从总体上看，课程组的工作模式更能够保障质量。

英国开放大学——学术辅助人员 Gayor

我认为课程组的方式是保障课程质量的关键因素。

英国开放大学——辅导教师 Mary

在开放大学的专业人员看来，以课程组为核心的课程开发方式是一项极为有效的机制，是保障课程质量的关键。课程组的开发方式能够凝聚集体的智慧，同侪的评价与外部评审员的监控能够保障课程材料的高质量水准。

二、课程组的成员构成与组织模式

（一）课程组成员的构成

英国开放大学的课程开发从学校 1969 年成立以来就采用团队合作以及课程组开发的方式。课程组的规模不一，一个课程组的规模最小是几个人，最大可达 50 人。通常一个课程组成员会有 6~15 个成员。每个课程组成员负责 2~3 个课程单元，偶尔也会采用结对合作的方式。[①] 开放大学的很多课程都不是由某个单一院系完成的，开放大学鼓励跨院系合作，因此课程组的成员来自不同院系的情况很常见。[②] 某些课程开发的过程中课程组也会付费雇用辅导教师或其他外部专家作为课程顾问。

课程组通常由 1 位课程主席，若干来自总部和分部的学术人员，1 位地区学术人员代表、1 位外部评审员、1 位课程经理和 1 位课程组秘书组成。此外，课程组成员中还可能包括外部顾问、媒体项目经理、媒体开发专家（交互式媒体开发与设计人员、视频音频制作者、媒体助理）、学科专家、课程生产与发

① 注：该数据来源于Riley Judith的学位论文，由于该论文1983年完成，距今年代较为久远，为了保证信息的可靠性，研究者就文中相关内容向英国开放大学Mark Endean教授进行了求证，Mark教授认为课程组的这些特征仍然适用于开放大学现在课程组的情况，没有变化。

② J Riley. *The Preparation of Teaching in Higher Education: A Study of the Preparation of Teaching Materials at the Open University*[D]. University of Sussex, 1983:44.

布经理，这些人员会根据需要参与课程组的会议，外部成员的数量一般不超过开放大学内部人员的人数。①

> 课程组成员通常是一群非常有趣的人，他们彼此之间有很大的差异，就像每个家庭内的成员各有不同。所以课程的质量一定程度上取决于课程组成员的经验、个性以及期待的结果。我认为课程组制度是创建一门课程时非常有效的机制。

英国开放大学——学术辅助人员 Alice

课程主席负责课程组的统筹工作和保障课程的学术标准。课程主席是课程组的学术负责人，以确保所开发的课程满足学术质量标准。课程主席在课程的整体设计、学习结果、课程的结构、教学方法等方面进行总体把关。课程主席要调动课程组成员的积极性，通过共同协作开发出高质量课程，并对课程整个生命周期的质量保障和质量改进进行监控。课程主席还需要监控学生的学习体验和学习绩效，对学生的学习情况进行反馈以提高学生的保持率。②

课程主席主要从课程团队的学术人员中选出。课程主席是课程组的重要成员，被视为任务繁重但是报酬很低的工作，通常由富有经验的成员主动承担。课程组成员的经验与声望在课程开发过程中非常重要，其资历也是被任命为课程主席所考虑的重要因素，虽然并不是唯一要素。

课程经理主要负责安排课程组会议，与课程生产和发布经理、媒体项目经理协调课程开发计划与安排，确保课程按时交付生产部门，在课程组内部进行沟通与协调，管理与监控课程开发的经费与预算。有些课程经理还会参与课程的开发过程，如评价课程材料，保障系列课程的连续性，评价和总结外部顾问和辅导教师的工作，安排开发测试和课程反馈等。

> 课程经理要有足够的外部视角保证自己课程组内开发的课程与开放大学的已有课程以及其他大学的课程标准一致，同时要经得起时间的考验。
>
> 作为课程经理，你要对课程开发的质量负责，但是没有权利凌驾于课程组的其他成员之上。所以，经常要经过协商以保证在截止日期之前完成任务，这不是一件容易的事情。需要很多的管理工作以及后勤服务以便使

---

① Eleanor Thompson. *Production Module Teams , The Curriculum Management Guide: A guide to the Production and Presentation of Programmes Qualifications and Modules in the OU.* [R]. Milton Keynes : The Open University, 2011：1-6

② Steve Hutchinson. *Module Team Chair Role, The Curriculum Management Guide: A guide to the Production and Presentation of Programmes Qualifications and Modules in the OU.* [R]. Milton Keynes : The Open University, 2016：1

课程材料在规定的时间进入仓库。我认为课程经理是开放大学管理风格的一个缩影。

英国开放大学——核心学术人员 Mark

课程经理的选择与任命通常会从候选人的专业背景、性格特征、社会能力等方面综合考虑。

课程组的学术人员的主要工作包括撰写课程内容和评价材料、开发在视频和音频等媒体中呈现的课程学术内容、设计适当的实践活动。他们要作为课程评审专家评价课程组其他成员开发的课程材料,包括学术性和教学效果等方面。

课程组根据规模可以分为大型课程组和小型课程组。如前言所言，一个小的课程团队通常由 6~8 人组成，负责开发一个 30 学分的课程，其中包括 2~3 位核心的院系学术人员，1 位地区学术人员、1 位教育技术专家、1 位课程经理、1 位编辑人员和 1 位媒体顾问。[①] 与大的课程组相比，小的课程团队更容易采用灵活的教学方式，更快地更新教材。

我的课程开发团队通常有 10~12 个成员，包括一个课程管理者、若干核心学术人员以及教学中心人员。我认为一个强有力的课程团队负责人非常重要。学术人员负责课程内容，教学中心人员负责媒体设计，课程组的成员擅长不同的领域。我们并不是单独工作，而是作为一个团队互相合作，我们会评价彼此的工作，不同的课程由不同的课程开发团队负责。

英国开放大学——学术辅助人员 Gayor

（二）课程组的组织模式

英国开放大学的课程组的组织方式主要为参与式开发模式。在这种模式中，课程组的成员定期开会，有频繁的互动和交流。课程组主要采用沟通和协商的方式决定课程开发的内容和进程。课程组内部比较平等、自由，每个人都可以发表自己的看法。[②] 课题组的日常联络方式主要以邮件沟通为主，必要时开讨论会。课程组成员之间的团队合作与课程质量密切相关。

参与式开发模式的组织方式所需要的课程开发周期通常会长一些，开发一门课程大概需要三年。大部分的课程组成员都是开放大学的全职工作人员，对于课程投入的时间和精力较多。

---

① Hung-Ju Chung. The Nature of the Course Team Approach at the UK Open University[D]. The Open University, 2001:69.

② 王跃. 中英远程教材编制的差异[J]. 中国远程教育，2002(06):34-37.

此外，少部分课程组会采用领导式开发模式进行组织。在这种模式中，课程主席是一个强有力的领导者，课程组成员与课程主席的沟通方式通常是自下而上进行的。课程的质量主要由课程主席和外部评审人员来保障，他们评估和检查课程组成员的工作。通常采用这一组织模式进行的课程开发周期更短一些。在这种模式下，只有课程主席和课程管理者需要由全职人员来担任，兼职人员和外部人员比例较高。①

三、课程组在课程建设各阶段的主要工作

英国开放大学的课程建设主要分为三个阶段，第一个阶段是课程审批阶段，课程组要向学校管理机构提交课程建设申请和初步的课程开发计划；第二阶段是课程开发阶段，课程通过审批之后就进入到课程开发的实施环节，这一阶段主要是撰写各类课程材料和设计学习单元；第三个阶段是课程生产阶段，这一阶段会以课程开发的内容为原型生产大量的课程材料，由于目前很多课程都采用在线学习的方式，生产阶段的工作比以往少了很多。

（一）课程申请与创设阶段

英国开放大学新课程的形成始于课程组核心成员的非正式讨论，在讨论过程中会涉及课程的所有内容，通常会有很多创新的想法。整个课程组每 1~2 周会召开会议，一旦有新的想法产生，相关成员将会准备和发放材料以表达自己对课程主题和课程内容顺序的建议供会议讨论。在这个阶段，课程组通常会任命一个课程经理联系课程组的成员，进行会议组织和议程安排。

经过几个月时间的酝酿，课程组会进入课程正式审批阶段。在该阶段课程组要向所在系部课程委员会提交课程开发建议书，包括课程单元的分布与各章节标题，课程组成员名单和开发过程中的任务分工。通常情况下，课程组的普通成员负责不超过 3 个单元的课程开发工作，课程主席和课程经理通常只承担 1 个单元的开发任务。对于大型课程，课程主席还会视情况将大的课程分为若干个模块，指定若干“模块主席”来协助自己的工作。如果某些单元的内容在课程组内找不到合适的人员负责，可能会由课程主席安排联系外部的专家。

系部的评审委员会会对课程内容和适用对象做出评价，综合考虑与其他课程的重复、交叠和衔接关系，并与其他申请开发的课程对比后，评选出有竞争力的课程团队。一旦课程通过评审委员会的审批，课程组还需要获得课程资源

① Hung-Ju Chung. The Nature of the Course Team Approach at the UK Open University[D]. The Open University, 2001:66.

委员会的支持。课程资源委员会负责审核课程开发过程中需要提供的各种资源，如人员、经费、媒体、学习支持材料等。

（二）课程开发阶段

课程通过审批之后，课程组就会进入到正式的课程开发阶段。课程组成员会根据自己的专长和能力独立地进行课程单元的开发，这是课程组最重要的工作，课程组中没有课程单元开发任务的专家会进行技术设计工作。只有完成课程内容撰写任务后，才会进入课程辅助任务的开发环节，如夏季学校课程设计，课程指导书的撰写等。①

在课程单元的开发过程中，每位课程组的成员一般会在家里、办公室或图书馆完成所分配课程单元的开发工作。对于一些课程组的成员来说，先前的教学和科研经验会提供初步的资源，但是对于大部分课程开发人员来说，长时间的图书馆工作是必不可少的。每个课程单元都会设计交互式学生活动，并根据课程的安排对学生的学习时间做出规划。其中 30 学分的课程需要学生投入约 240 小时的直接学习时间，60 小时的自主学习时间；60 学分的课程需要学生投入 480 小时的直接学习时间，120 小时的自主学习时间。每门课程的教学周期从 20 周到 30 周不等，对于一门 30 学分的课程，学生通常需要在该门课上每周投入 8 到 12 小时的学习时间。

负责课程单元开发工作的作者完成初稿后，课程组的一项重要工作是对初稿进行评价。评价的人员有些来自课程组内部，有些是课程组邀请的外部评审员。开放大学每门课程都会有 1~2 个指定的外部评审员，负责阅读和评论开发出来的课程材料。通常这些外部评审员是来自其他高校的教师，并会受邀参加考试委员会，作为课程的外部考官。

课程评审专家的角色是要对初稿进行形成性和终结性评价。课程组成员根据自己的兴趣及理解对所开发的课程材料提出修改意见，讨论课程组成员所开发的内容是否达到了所要求的质量标准，是否可以作为正式课程材料的一部分。

评价活动通常安排在课程组工作会议上进行，针对每个课程单元都会有专门的讨论时间。课程评审专家一般会从课程材料的学术水平、课程材料的教学适用性、课程材料的表述与呈现方式、该部分内容与其他内容的匹配程度四个方面对课程材料做出评价。

（三）课程生产与发布阶段

课程内容的开发工作完成后，会移交给专业编辑和设计人员，并进行后期的印刷、包装和派发工作。在这个阶段，纸质课程材料进入生产环节，在线课

---

① J Riley. The Preparation of Teaching in Higher Education : A Study of the Preparation of Teaching Materials at the Open University[D]. University of Sussex,1983:53.

程上线。课程组内部的编辑和发行人员要确认课程材料的版权，校对课程内容，检查课程的插图设计。当课程发布后，课程组有专门人员负责检验课程材料的效果，收集需要修订的数据，并进行勘误和课程材料升级工作，[①] 见表 4–6。

表 4–6 课程组主要活动一览表 [②]

课程规划与设计	设计课程大纲与课程结构
	选择合适的媒体
	决定课程的呈现方式
资金与经费	编制课程预算
	课程开发经费管理
开发时间与进度安排	制订开发计划
	管理课程开发进度
课程组人员遴选与任命	选择课程作者
	任命课程组人员
	培训作者
	与作者签订协议
内容开发与测试	开发课程内容
	对课程初稿做出评价
	完善与修订过程管理
	测试实施
课程交付与发布	终稿校验
	明晰版权
	确定最终规格
	版式设计
	决定排版与布局
课程生产	版权管理
	课程插图设计
	校对印刷
	重印管理
课程材料维护	检验课程材料的效果
	勘误与升级
	收集修订数据

① Hung-Ju Chung. *The Nature of the Course Team Approach at the UK OpenUniversity*[D]. The Open University, 2001:46.

② Hung-Ju Chung. *The Nature of the Course Team Approach at the UK Open University*[D]. The Open University, 2001:47.

四、课程组如何通过开发方式保障课程质量

（一）课程组运用集体的智慧保障课程的高质量

课程开发采用课程组的方式充分发挥了集体协作的优势，能够把课程组成员的智慧和创造力充分发挥出来，课程组成员互相帮助、密切交流、团结协作，能够解决课程材料中出现的问题，从而保障课程的质量。

我认为课程组是保障课程质量的一个核心要素。就如之前我所说的，课程组的成员互相评论彼此的工作，共同改善与提升课程的质量。在课程开发的过程中，你可能会遇到不同的意见，这与个人单独开发课程有很大的不同。虽然这个过程很耗时间而且成本很高，但是对于保障课程质量是非常重要的。如果是个人开发课程的话，我不认为质量会赶上课程组开发课程的一半。

英国开放大学——学术辅助人员 Gayor

我认为对于保障课程质量来讲，课程组的工作方式是最重要的。你想，每个课程组大概有 10 多个学术人员负责不同部分的课程开发，每人负责特定部分的内容，同时有外部评审员参与其中。

以《探索科学》这门课程为例，这门课一共配套有 8 本书，每本书都有一个外部的评审人员，每个专业也有专业的外部评审员。我们通常还会聘请辅导教师和课程评审专家参与课程的建设。所以他们会对课程的质量负责，会提出哪个部分不行，哪个部分与学生的接受能力不匹配。这样的课程开发模式在其他大学里绝对不会出现。

英国开放大学——学术辅助人员 Alice

课程组模式，同侪评价的方法是保障教学质量的关键。举个非常好的例子，几年前有位课程组的成员参与一门课程的开发后，自己单独出版了一本书。后来在另外一门课程中决定把这本书作为课程系列教材的一部分，购买了版权，但是没有经过课程组的审核过程就直接使用了。在几百个学生的使用过程中发现，书中有上百个错误，学生非常不满。

后来课程组不得不收集了所有错误的信息为学生做了一份勘误表，第二年只好重印了这本书。我想如果我们去书店随便找一本个人出版的教材，让数百个学生来挑错，也能找出几百个错误出来。而开放大学的教材在第一年的使用过程中不会发现超过十几个错误，这不是某个人的问题，

而是个人开发课程自身的局限性问题。

英国开放大学——责任教师 Bob

课程组的工作模式是开放大学极其成功的方面，是课程开发过程中最有效的机制。一组教师坐在同一张桌子前，阅读彼此所写的内容，相互交流、批评是极其重要的。课程组的成员花上数周乃至数个月认真讨论，最后开发和出版的课程质量是能够得到保障的，而由个人单独开发一门课程绝不会取得这样的效果。

英国开放大学——责任教师 Richard

（二）课程评审与同侪评价是质量保障的关键

课程组最重要也是最具挑战性的一项工作就是课程评审。课程组的每位成员会有自己的课程材料撰写任务，初稿完成后，课程组会安排专门的会议就每位成员的材料进行评审，为找出初稿材料中存在的问题，并提出改进建议，进而进入第二稿、第三稿和第四稿的修改和完善工作。无论是学术评价还是人际关系，都会给课程组每位成员带来巨大的挑战。也正是由于这种机制的存在，才能够保障课程材料的高质量。

课程组内部的批判性评价是保障开放大学课程质量的关键，在课程组里人们花费精力最多的事情就是对开发出的课程内容进行评审，指出彼此的错误，尽早发现课程材料中的错误。甚至我有时都觉得有些批评对作者很不公平，但这是绝对必要的，否则会偏离质量的标准。而有些批评的情形在普通高校里是决不会遇到的，正是这种方式保障了我们的课程一直保持很高的质量水准。

英国开放大学——责任教师 Bob

以往开放大学课程开发的周期大约有五年，现在缩短了很多，但是也需要三年。通常要花一年左右提前计划准备，组织课程开发团队，选择有丰富经验的教师。在课程开发的过程中，课程组成员要花很多时间设计课程大纲，然后集体讨论，提交内容初稿，接受批判性意见并进一步修改。我觉得这对于保障课程质量是非常关键的环节，通过听取不同背景的课程评审专家的意见后，课程材料无论是印刷出来或者制作成CD或传到网络上，都可以保障课程达到较高的质量水准。从我的经验来看至少是这样的。

英国开放大学——核心学术人员 Jo

五、影响课程组工作成效的主要因素

朱蒂·莱利（Judith Riley）通过对英国开放大学课程组的研究，得出了14个影响课程组工作成效的因素。这些因素可以分为公共因素和私人因素。其中公共因素包括课程的专业性与学生传统、学习者特征、开放大学的政策与资源、课程组的规模、课程组的人员的领域跨度、以往的开发经验与案例；私人因素包括对课程组成员的信任、课程组成员的组织承诺、办公地点与工作习惯、课程组成员的写作风格、课程组成员对提升自身状态的期待、课程组成员的不安全感和恐慌、课程主席的个性与经验以及课程组的交互与沟通情况。① 在参照朱蒂·莱利研究的基础上，通过对英国开放大学专业人员的进一步访谈，本研究确定了影响课程组工作成效的五个核心要素。

（一）课程组成员的学术水平

开放大学的课程遵循英国高等教育统一的质量标准，课程组的核心成员是具有丰富经验的学术人员，他们了解英国高等教育的质量标准和学术要求。同时，每个课程组还会聘用1~2名外部评审员，这些评审员大多来自英国的普通高校，通过他们对课程材料的质量做出评价，以保障开放大学的课程与其他高校保持同样的质量标准。因此开放大学高质量的课程与课程开发人员的学术能力以及丰富的工作经验息息相关。

（二）课程开发要符合远程学习者的特点

与普通高校不同，参与开放大学学习的学生大部分都是在职的成人，这一点需要课程开发人员特别重视。成人学习者往往有丰富的工作经验和人生阅历，因此根据成人的需要和特点来设计符合成人学习规律的课程，对于课程组至关重要。开放大学的学生中还有一些特殊人群，如残疾人、囚犯，掌握这些学生群体的情况也是课程组在课程开发过程中需要考虑的问题。

（三）开放大学的政策与资源

对开放大学学术人员的访谈结果表明，一个小型课程组通常由6~8人组成，开发一门30学分的课程从设计到完成大概需要3年，课程开发过程中所需要的经费大约为50万英镑。研究中发现，不止一位受访者认为，经费对课程开发影响最大，因此课程开发过程中需要学校在资金、人员和政策上对课程组的开发工作进行持续的支持和投入。

---

① Judith Riley. *The Preparation of Teaching in Higher Education : A Study of the Preparation of Teaching Materials at the Open University*[D]. University of Sussex,1983:213.

（四）对课程组成员的信任及其工作投入

开放大学课程组的核心成员是全职的学术人员，他们的工作状态决定了课程的质量。学术人员需要较为宽松自由的工作环境，课程组对这些学术人员的信任与支持能够让他们潜心于课程开发。开放大学课程组的成员更喜欢参与式课程开发模式，这种模式让他们更能充分发挥他们的主观能动性。课程组成员在课程开发工作中投入的时间和精力以及他们对于课程开发工作的重视程度与课程质量密切相关。

（五）课程组的工作氛围与安全的工作环境

开放大学课程开发的过程中有一个非常重要的环节就是课程评审，由同行对课程材料初稿的质量做出评价并提出改进建议。研究表明，课程评审会给很多课程开发人员带来压力，他们面对课程组会议中激烈的反对意见往往感到恐慌和焦虑。

因此，在保障课程质量的前提下，为课程组成员创造一个安全的工作环境是课程主席的重要工作。通过组内成员的沟通与交流为课程组营造一个宽松的工作氛围，缓解人际冲突和由于观点不同而带来的矛盾，减轻课程组成员的焦虑和恐慌是保障课程开发工作顺利进行的重要因素。

第四节 学习活动设计

一、学习活动设计在课程开发中的重要作用

研究发现，被问及“您认为哪些是保障课程资源质量的关键要素？”这一问题时，有5位受访者认为活动设计对于保障课程质量非常关键，包括2位管理者、2位主讲教师和1位班主任，他们都参与过课程资源的开发与设计工作，积累了丰富的课程开发经验。表4–7为访谈数据整理过程中持该观点的受访者角色以及受访者谈及此问题的参考点，楷体部分为受访者回答这一问题时的代表性观点。

表4–7 我国在线教育受访者对活动设计的观点分布表

受访者	角色	参考点
宋利川	班主任	1
罗小维	管理者	2
陈新宇	管理者	1
何开惠	主讲教师	1
陈应海	主讲教师	1

既然是在线课程，教学互动就要设计好，我们在课程中设计了一些教学活动，让学生去参与讨论，他的问题你要去解答，与他们必须有思想的沟通，我们设定了这样的学习要求，就是首先你必须发表你的意见。

其次，你必须回应别人的意见，这样才能让你在这个过程中得分。这种机制还是强制你要去做，你必须发一个主帖，必须回应两个，而且你说“好”“同意”我都不给你分，要有质量。他真的就交互了，而且还真的把现实中的问题在交流之中解决一些。

基于资源类的我们是没有计划的，因为学生是自学，一直是自学的，自己制订计划，资源给他，让他完全自己组合建构，但是在基于活动的课程设计中，我们完全反了一个思路，我上来就给你一个学习计划，你要学就这样学。我给他设计好了，他反而知道这样子的话他每天该做什么。

反过头来想一下，纯粹基于资源的，对一个纯粹的新人来说，怎么可

能还做学习计划？这是第一个不可能，就属于放任自流。第二个不可能，他本身就不是高校那一类人，他怎么可能有学习能力来自己做计划呢？他的自主能力，学习能力本身就很差。

北京大学网络学院——管理者陈新宇

在线课程各个高校都在做，实际上都是主讲教师以现有的文字教材为基础，自己把它转化成有流媒体的形式，以前不就是三分屏嘛，一边是PPT、一边是文字教材、一边是老师讲，它还不是专门针对远程课程开发的概念。就是放在教学平台上的一个呈现：你这个学习者去看，就是文字教材网络化，没有互动、没有交互、没有过程，最终什么都没有，就是你去看。

北京开放大学——管理者罗小维

国开的大部分课程还停留在静态资源的呈现阶段，唯一的是课程平台上增加了讨论内容，实际上从教师跟学生讨论情况来看也不是很理想。基本上是学生上面授课，然后好学生看看流媒体，没有时间的或者不爱学习的学生可能就没看，没有办法去监控谁看谁没看。目前我们的课程中还没有学习活动设计，无法体现学习过程，这是一个很大的问题。

国家开放大学——班主任宋利川

在中国在线教育专业人员的访谈中研究发现，以以上3位为代表的5位受访者强调了教学设计中活动设计的作用，他们认为以动态资源和以活动设计的方式将课程内容呈现对于教学质量非常重要。但是目前我国在线课程的呈现方式还是以静态课程为主，缺乏完整的教学过程设计，在课程的交互性和活动设计方面还有待提高，未来的课程开发应从以资源为中心的课程设计向以活动为中心的方向转变。

真正的远程学习完全是基于学习者，基于学习者在学习过程中有人指导他，有一步一步的作业，有反馈，是一个学习过程。我们远程学习实际上更多是基于资源的，学生翻翻教材、听听课、看看媒体，不是完整的课程学习的过程。

资源是远程教育的起点，但是光凭静态资源，没有过程绝对不行，在课程设计中，要以动态资源为主导，要有活动设计，通过活动设计让学生参与到学习过程中来。

华东师范大学——主讲教师何开惠

二、英国开放大学学习活动设计的类型与特点

学习活动设计是英国开放大学最重要的学习设计内容，在课程开发的过程中，课程开发人员要根据课程的内容，设计七个方面的学习活动。它们分别是：同化学习活动、发现与处理信息活动、交往与协作学习活动、产品性学习活动、实验性学习活动、模拟与适应性学习活动以及评价学习活动。在每门课程的学习设计中，不同类别的活动根据课程特点占有不同的比例。图4–1所示的课程是A112《文化的转折点》这门课程所包含的不同类型的学习活动及相关分配情况。

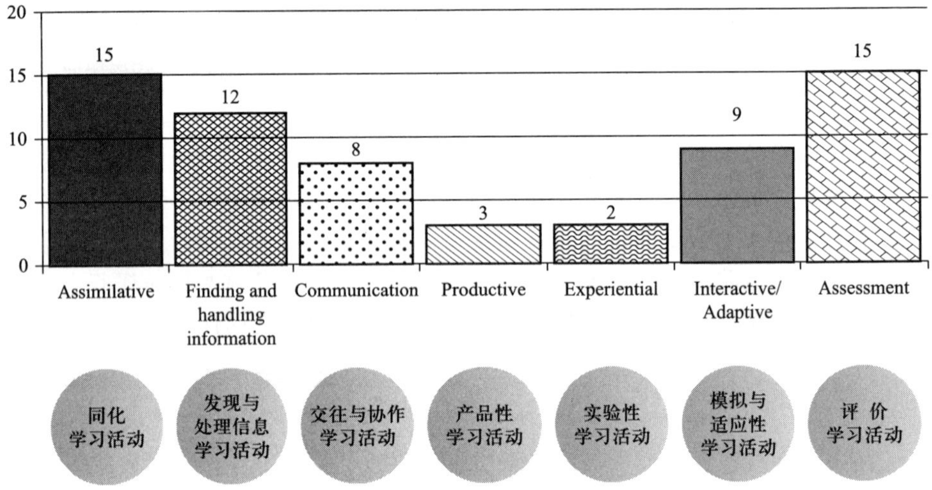

图4–1 A112《文化的转折点》不同类型学习活动的分布图

（一）同化学习活动设计

同化学习指学生学习与思考教材和学习资源中的理论及概念性内容，以促进学生对于理论和基本概念的理解，包括录像教学活动、展示型学习活动、真实的生活经历与案例学习活动这三类。

1. 录像教学活动

屏幕录像方式的学习活动设计主要用于知识的讲授教学。在数学、物理等抽象性较强的学科中，主讲教师通过讲授与制作板书向学生授课，讲授内容包含纸质课本中的例题、该学科最新发展趋势等内容，见图4–2。

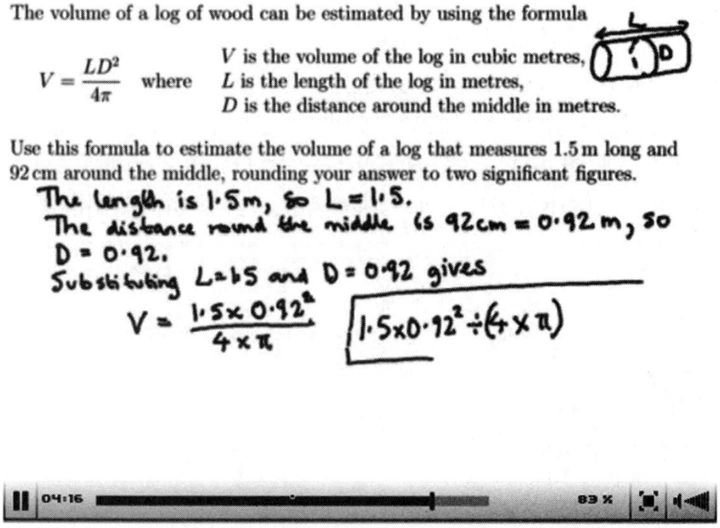

图 4–2　数学视频录像课程

2. 展示型学习活动

展示型学习活动是指让学生通过音、视频呈现的内容及相关示范进行学习，图 4–3 是在 S295 生物课程中，学生通过观看视频中教师用气球和大黄叶子的演示，了解植物气孔的开放过程，见图 4–3。

图 4–3　生物学展示型学习活动

3. 真实的生活经历与案例学习活动

通过真实的生活事件来呈现学习内容，能够帮助学生将理论知识与具体实践结合起来。在K313课程中，课程组为学生设计了一个癌症病人拒绝治疗的真实访谈案例。通过对这个病人的访谈，帮助学生了解英国国家健康服务中心的职能与工作方式，见图4–4。这个真实事件激起了学生之间的广泛讨论，并引发了他们对英国国家健康服务中心如何决策和医疗经费如何使用的深入思考。

图4–4 K313课程真实案例活动

（二）发现与处理信息学习活动设计

1. 搜索、查找、处理与评价信息类学习活动

设计教学活动进行研究所需要的数据的收集、从数据库中提取信息，对数据进行分析、综合和评价。设计教学活动让学生利用图书馆资源从特定的参考文献中查找期刊论文，搜索图片、书评和版权信息，查找在线图书与报刊，在特定的数据库中查找数据，有效地使用谷歌和谷歌学术查找网络资源。掌握高级搜索技能，查找相关的法规、专利、官方文件和科学数据。培养学生掌握对信息做出评价的关键技能，搜索和评价在线视频资源及网站，查找和评价报纸信息等。

2. 解读图表反映的数据信息

设计活动让学生对表格和图形中的数据做出分析和解读是信息发现与获取类活动的重要形式。在英国开放大学的TD233课程中，课程开发人员列举了世界银行发布的各个国家的产业分布与GDP的数据，让学生对不同产业发展与GDP的关系做出分析。

在经济学课程中，为了让学生分析基尼系数与劳伦茨曲线的联系，课程开发人员制作了一个数学工具模型，让学生通过该工具调整劳伦茨曲线与基尼系数的关系（图 4–5），进而分析不同国家国民收入在国民之间的分配，以及贫富差距方面的情况。

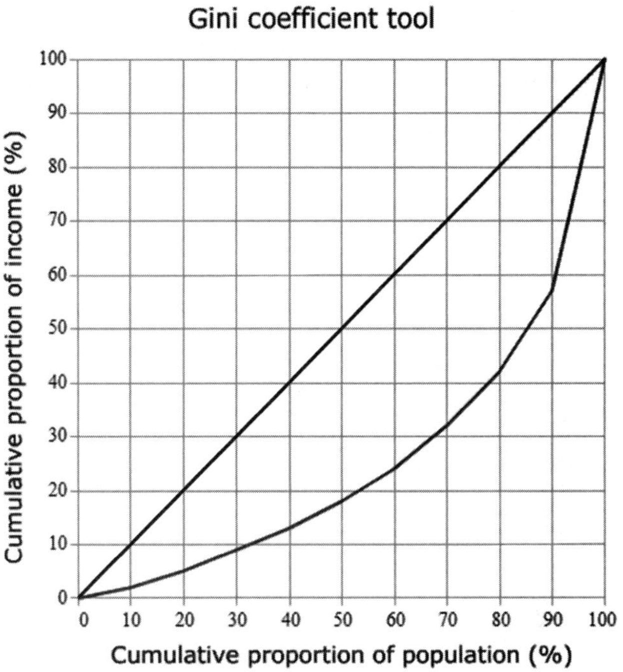

Gini coefficient:0.50

*Choose different values for the '**Proportion of income in each decile**' and then press '**calculate**' to update the Lorenz curve and calculate the Gini coefficient.*

Decile	1	2	3	4	5	6	7	8	9	10
Proportion of income in each decile	2	3	4	4	5	6	8	10	15	43
Cumulative proportion of income	2	5	9	13	18	24	32	42	57	100

Remember the cumulative proportion of income has to add up to 100. The 'calculate' button will not be available unless it does!

calculate

reset

图 4–5　英国开放大学数学工具模型截图

3. 开放科学实验室让学生进行远程实验活动

开放实验室是一个为了现实科学教学而建立的在线实验室。它主要提供远程实验与观察，虚拟与仿真实验，在线田野调查、市民科学服务。学生可以远程控制实验设备完成实验室里的实验，也可以利用各种软件和工具进行实验的仿真模拟。开放大学在课程中使用软件和数字显微镜技术帮助学生进行科学实验活动（如图 4–6），该实验室包括地质（如 S209）、生物（如 S209 和 S215）、交互式大脑（如 S2888 和 SDK228）等课程模块的内容，见图 4–6。

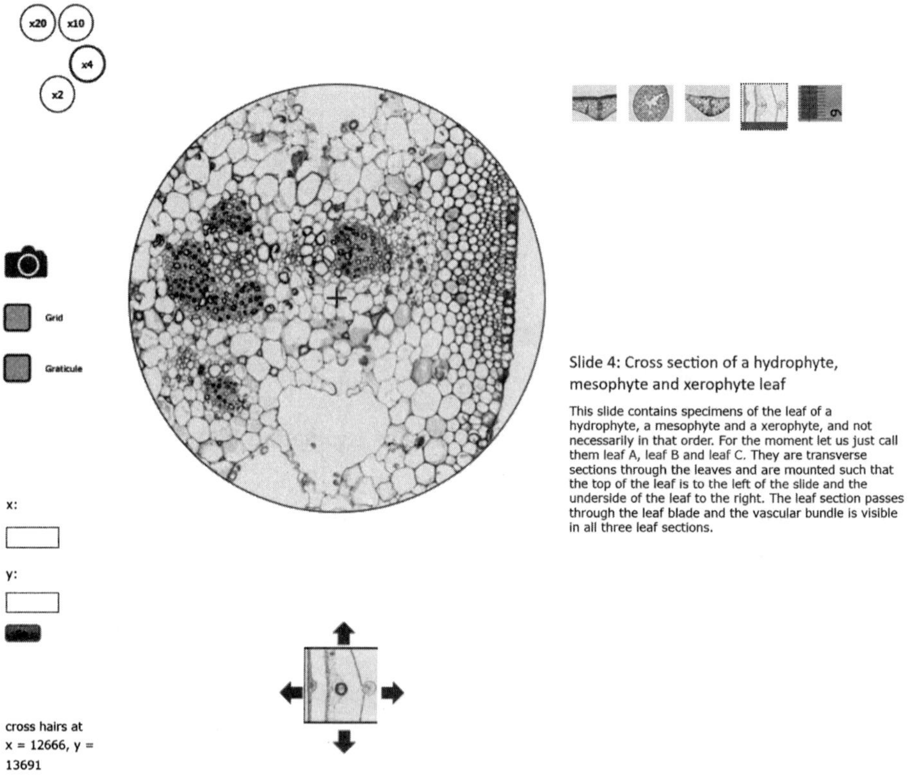

图 4–6 生物学数字显微镜观察植物气孔切片虚拟实验

（三）交往与协作学习活动设计

通过对话，学生能够在提出问题和相互评价的过程中明确立场，进而内化错综复杂的概念。协作则是不同学生（或与辅导教师）共同工作。通过这一过程，学生之间，师生之间在分享知识和理解方面建立新的联系。

1. 分享与评价类学习活动

分享与评价类学习活动的设计目的在于让学生通过论坛和讨论区分享自己遇到的问题，了解其他人的经验并获得帮助。在教学过程中，教师也会提出特定的问题让学生讨论。针对特定的问题，学生要提交自己的看法，同时了解不同人的观点与看问题的视角，并对别人的观点做出评价，见图 4–7。

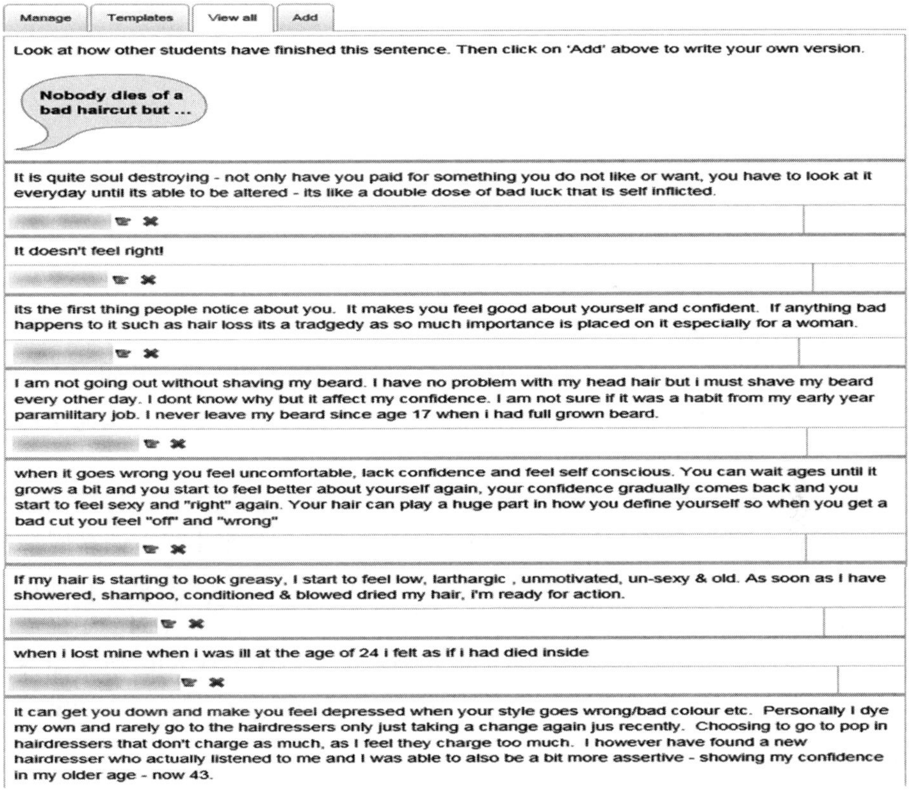

图 4–7 讨论区内主题观点的分享与评价活动

2. 综合观点活动

综合观点活动是课程通过设计调查、投票或记录的环节，允许学生匿名对某些事件发表自己的看法，当所有人的信息被统计好以后，学生需要将自己的观点与其他人的观点进行比较，进而反思自己的观点。

课程 TU100《我的数字生活》中，会为学生播放一场关于版权问题的辩论。在听辩论的过程中，学生运用特定的软件记录他们对辩论中观点的反映，形成一条“蠕虫轨迹”。辩论结束后，学生将自己的观点与其他人的观点进行比对，从而对自己的观点进行评价和反思，见图 4–8。

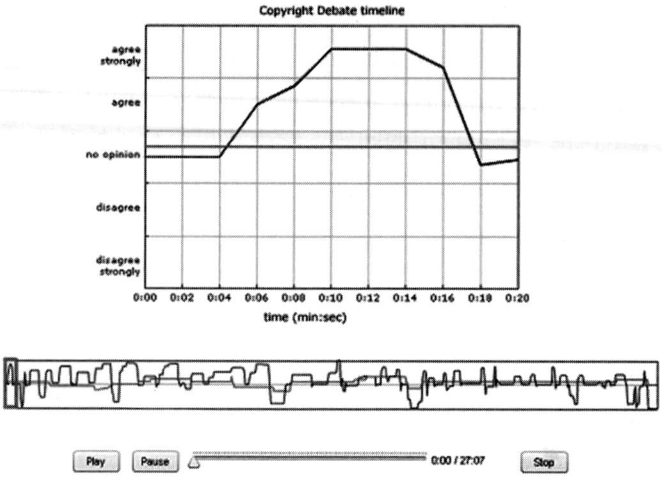

图 4–8　综合观点活动

3. 协作学习活动

设计协作学习活动的目的在于使学生通过小组学习的方式，共同完成一项任务或者作业。学生之间通过讨论、协商与合作的方式，运用网络沟通与社交工具，彼此之间交流观点。

在 S288《物理与天文学》课程中，学生分组建立团队，通过远程操控西班牙马略卡岛的一台射电望远镜来测量星团的亮度。每个小组由四名同学组成，共同在一个夜晚进行观测活动，在这个过程中要记录观测数据。在远程使用射电望远镜之前，小组成员要通过开放科学实验室预约 2 个小时的望远镜模拟器学习时间。在观察过程中，小组成员通过多人协作工具 Wiki 协调配合，通过即时通讯软件 Skype 与小组成员及负责望远镜观测台值班的天文学家进行沟通，见图 4–9。

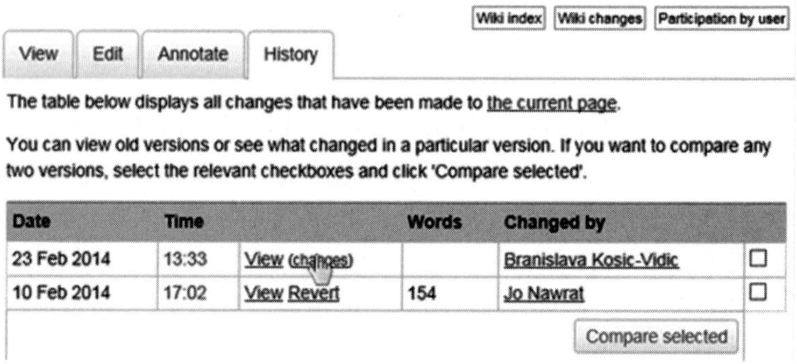

图 4–9　Wiki 系统内的学生讨论活动

在 M259IT 项目与服务管理课程中，该课程要求小组成员使用“开放工作室（共享空间）”共同完成一个团队项目。在第一次作业 TMA01 中，小组成员要对 4 个模型中的 2 个做出评论并上传到共享空间。每位成员至少要对其他 3 位同学的作业做出评论，并被计入成绩。在作业中学生要描述自己的工作对小组的贡献。课程要求小组成员之间主要通过在线的方式进行项目的组织与安排，学生要自己决定小组成员之间的沟通与交流工具，包括但不限于论坛、Wiki、聊天室以及共享空间。

（四）产品性学习活动设计

产品性学习活动要求学生运用自己的知识和技能独自或共同设计一个作品。作品的类别可以是回答问题的陈述性文本、图形、反思性的描述、报告、视频等。由于作品是具体而直观的，所以可以被评价、评论和反馈。

见图 4–10，在 K218 课程中，课程要求学生运用所给的素材设计一个学校的餐厅，学生可以将交互式 flash 动画中的素材拖到相应的区域，完成设计后将作品存为 PDF 文档，提交论坛与小组成员分享。

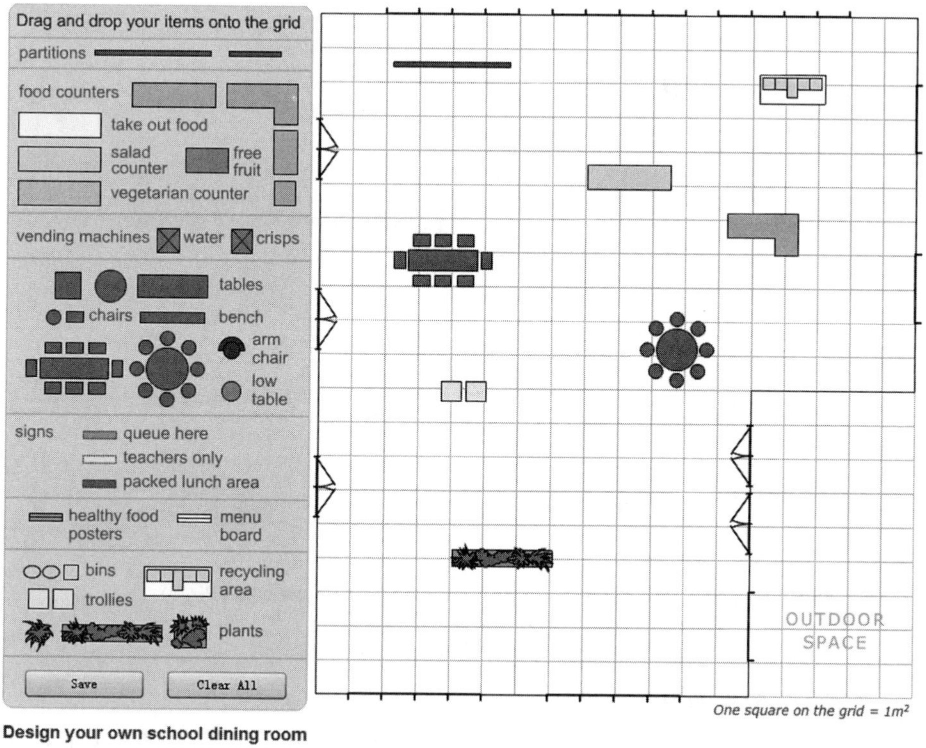

图 4–10 产品性活动案例图

KYN238课程要求学生使用笔记和思维导图工具结构化自己的思考，做出一个项目图或者所阅读内容的思维导图，并把做出的思维导图导出存为图片格式与小组成员分享（见图4–11）。

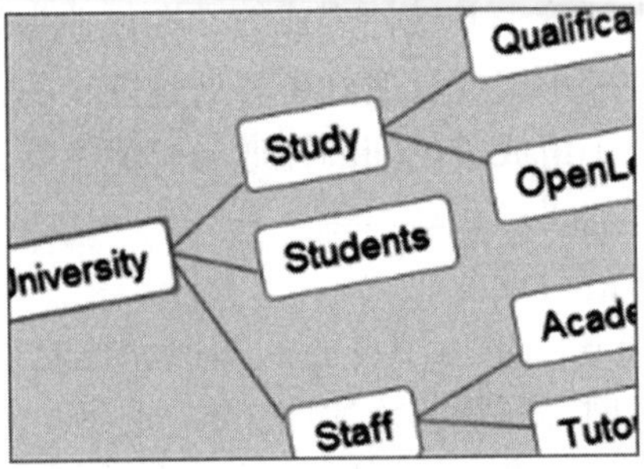

图4–11 思维导图示例

在BB844《21世纪的市场营销》这门课程中，要求学生根据市场的各个要素的关系做出一个网状图，以反映21世纪市场的发展情况（见图4–12）。

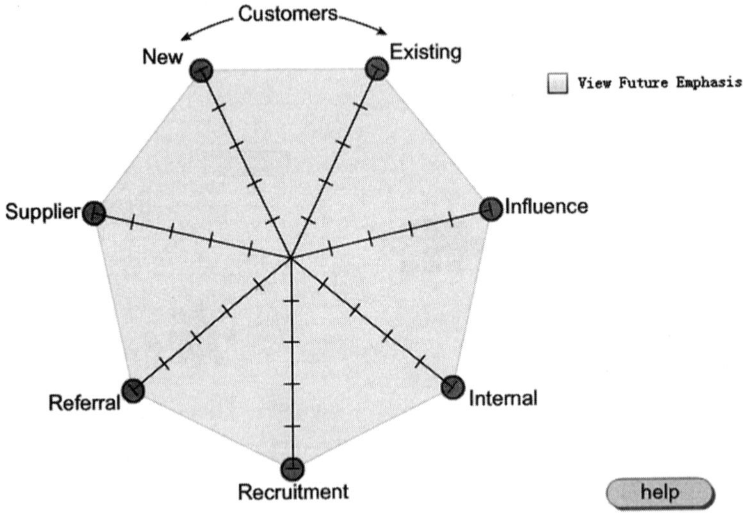

Figure 2.3 Mapping stakeholders (Source: Adapted from Payne et al., 2005)

图4–12 利益关系映射图

（五）实验性学习活动设计

实验性学习活动设计是将所学的内容应用到真实的工作中。这一类活动通常会在工作场所学习和实践科学课程中出现。活动要求学生在真实的世界中运用他们的知识和技能。

这类活动不包括角色扮演和情境模拟，但可以包含学生所处的真实世界的案例。这类活动的关键是让学生收到真实世界的反馈，反馈可以来自顾客、客户或者有机会在情境中反思的真实环境。

B718 是一门健康护理专业的领导力课程，帮助学生在工作场所建立领导力。该课程结束时学生被要求用约瑟夫·雷林教授的领导力理论对自己的六种能力进行反思并自我打分，同时让这些学生工作中的同事为他们打一个分数，将结果制作成一个柱状图最后对比理论学习过程中的自我认知和其他人对自己的评价，见图 4–13。

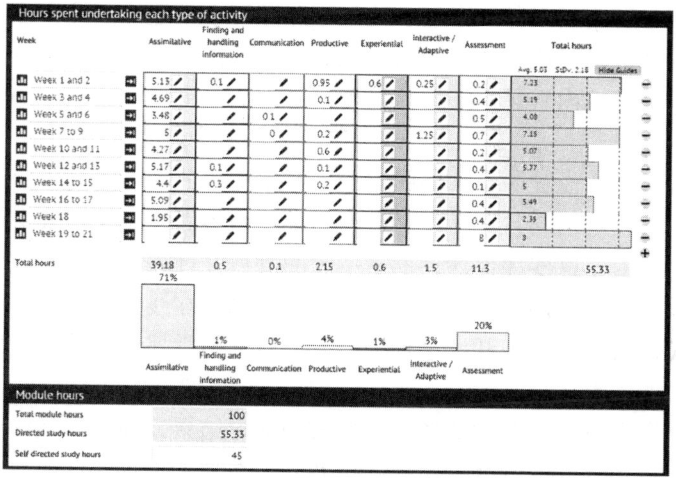

图 4–13　打分结果柱状图

（六）模拟与适应性学习活动设计

模拟与适应学习活动是指学生在模拟的情境中应用知识和技能进行的学习。学生在模拟情境下能够得到及时的反馈，并且有机会对自己的学习进行调整和适应。这些活动可能包括角色扮演、基于问题的情境、模拟案例或者仿真实验。

例如，学生在 M140 课程中使用不同的交互工具理解统计分析中的概念，在 DD209 课程中通过改变宏观经济模拟器中特定的参数找到它们对于通货膨胀、经济产量和利率的影响。

在课程 A332 中，学生被要求通过宗教游戏来进一步客观地认识自己的宗教信仰。在这个交互式游戏中，学生首先要阅读关于自然神论、异端邪说、无神论、不可知论、世俗主义、怀疑论等不同的观点，然后通过回答问题来确定自己在信仰与怀疑问题上的倾向，一些对于特定问题的是与否的回答反映了不同人的宗教观与信仰。

（七）评价学习活动设计

评价活动的目的是培养自我导向的、反思型的独立的学习者。评价活动的设计目的在于支持连续的学习过程与学习步骤。学生应该有机会参与评价过程并且培养同侪评价和自我评价能力。

评价活动包括不同的评价方式，常用的评价方式有交互式计算机打分评价（iCMAs）和辅导教师打分评价（TMA）活动。

交互式计算机打分评价常见的形式有短问题回答、拖拽文本、拖拽图形、匹配、多项选择、缺失词语选择等形式。在A219《探索古典世界》这门课中，学生需要做一个形成性iCMAs作业，他们需要在一张意大利和爱琴海地图上标注出小镇、河流、山脉、小岛、地区和海洋等十个地点。这个作业能够帮助学生熟悉罗马帝国时代的地理，鼓励他们将地图作为一种学习工具，并提醒学生，他们所学习的内容是真实地存在于自己生活的世界上，而不是虚幻的古代景观。

在评价活动的设计中，不同的课程组根据课程的内容与要求会设计自我评价活动和同侪评价活动，让学生对自己的学习内容做出反思，或者让同伴对学习结果做出评论。这些评价活动都占一定的分数并计入学生的总成绩。

研究表明，中英两国受访者均认为课程资源是在线教育质量保障的关键要素。在课程材料的设计与开发过程中，学习目标与学习结果的设计以及课程组的工作模式尤为重要。

课程开发人员必须非常清楚课程的预期学习结果，所有的教学活动、学习活动和评价活动都需要围绕着学习结果展开。在教学设计中优化教学策略，以合理的顺序安排教学内容，根据学习者的能力水平和学习风格选择不同的内容呈现方式，根据教学目标选择适当的媒体资源。此外，以课程组为核心的工作模式是一项极为有效的机制，亦是保障课程材料质量的关键。课程组采用同侪评价的方式，课程组成员之间互相监督，检查和评价彼此的工作，减少了出错的几率，极大地改善和提高了课程材料的质量。

中英两国的在线教育专业人员都强调了学习设计的重要性。其中，在线教育中“如何教”的问题，体现了结构良好的教学资源的设计在在线教学中的价值。在在线教育中，学习者大部分时间都是通过自主学习的方式完成学业，因此，课程材料的组织，采取适当的方式呈现学习内容并将它们传递给学习者，对于教育质量来讲具有重要意义。

在教学内容的呈现方式上，应从以资源为中心的课程设计向以活动为中心的课程设计转变。媒体的使用要与教学内容相配合，根据教学目标和知识点的差异合理选择适当的教学媒体，培养学生的自主学习能力，提高学习效率。

目前，我国在线教育在课程设计方面仍对传统高校的教材参考较多，开发的课程资源不符合在线学习规律的现象时有发生，其中一个重要的原因就是课程开发过程中的学习设计不足，英国开放大学专业人员提出的围绕学习结果设计学习活动的思路，值得我国在线教育工作者借鉴。此外，我国专业人员提出的重视在线教学过程中的活动设计，将以静态资源为主的课程设计向动态课程设计和活动设计方向转变的思路也具有非常高的参考价值，可以作为今后我国在线教育课程资源建设的方向。

第五章

将伯之助——在线教育的学习支持服务

第一节　学习支持服务是质量保障的核心要素

学习支持服务是远程教学院校及其代表教师等为远程学生提供的，以师生或学生之间人际面授和基于技术媒体的双向通信交流为主的各种信息的、资源的、人员的和设施的支持服务的总和，其目的在于指导、帮助和促进学生的自主学习，提高远程学习的质量和效果。①

一、英国在线教育专业人员对学习支持服务的观点

研究发现，开放大学的受访者被问及“您认为哪些是保障开放大学教学质量的关键要素？”这一问题时，受访者观点高度一致，有 15 位受访者认为学习支持服务是质量保障的关键要素，占受访者总人数的 88.2%，除核心学术人员外,所有受访者都认为学习支持服务工作对于在线教育的教学质量非常重要。图 5–1 为访谈数据整理过程中学习支持服务作为质量保障关键要素的编码分布图。表 5–1 为访谈数据整理过程中持该观点的受访者角色以及受访者谈及此问题的参考点，楷体部分为受访者回答这一问题时的代表性观点。

① 丁兴富. 远程教育研究[M]. 北京：北京首都师范大学出版社，2002:309.

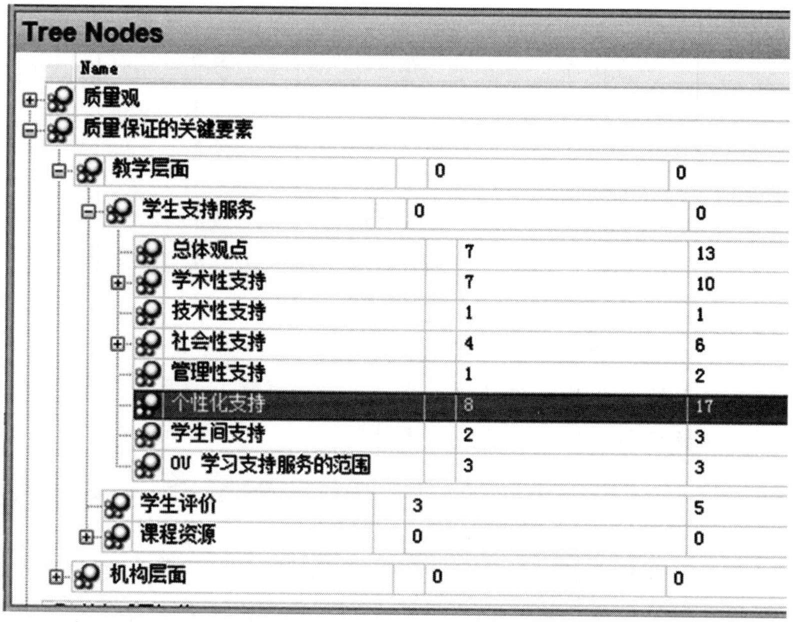

图 5-1 学习支持服务作为质量保障关键要素的编码分布图

英国开放大学的学习支持主要来自四个方面，开放大学本部、辅导教师、课程组和地区学习中心。开放大学本部设有专门的学习支持服务机构，有 1 000 多名专职人员负责招生、管理、考试、学术支持、学位授予、学分认证、个性化支持等服务；辅导教师是学生的直接接触者，他们为学生提供直接的学术支持，选课咨询和学习过程指导；课程组为辅导教师提供一个清晰的课程结构与教学安排，同时将学生的意见反馈至下一轮的课程开发中；地区学习中心为学生提供管理、咨询、顾问和信息服务，为学生和开放大学之间架起了一座沟通的桥梁。

表 5-1 英国开放大学受访者对学习支持服务的观点分布表

受访者	角色	参考点
Jo	核心学术人员	3
Darles	核心学术人员	4
Melare	学术辅助人员	1
Adam	学术辅助人员	5
Gayor	学术辅助人员	1
Alice	学术辅助人员	4
Lucy	核心学术人员	4
Mark	核心学术人员	5

续表

受访者	角色	参考点
Mike	核心学术人员	4
Bob	责任教师	5
Michael	辅导教师	3
Mary	辅导教师	4
Peter	责任教师	4
Richard	责任教师	3
Jordan	核心学术人员	3

学习支持服务是远程学习中的一个关键要素，学生在学习过程中需要得到辅导教师和课程开发团队的支持。

英国开放大学——核心学术人员 Jo

开放大学的课程材料包括教材、课件和DVD，它们的质量是一流的，受到了社会的广泛认可，但是如果我们止步于此，开放大学就只是一所函授学校。

英国开放大学——责任教师 Bob

开放大学的入学门槛比较低，为了让学生毕业的时候达到和普通高校毕业生同样的标准，我们有一整套学习支持服务系统，学生配有辅导教师，能够得到面授和在线服务、咨询与建议服务等。我们的教育质量之所以超过大部分普通高校，很大程度上得益于我们为学生提供这些支持和服务。

如果学生来到这里，我们只是简单地说“学吧，要不你就离开”，我想他们几周内就会离开。我们发现很多学生来到开放大学之后发现在这里学习的挑战性远超他们的想象。所以我们的学习支持服务是为了帮助学生更好地完成学业而设计的。

英国开放大学——学术辅助人员 Adam

我认为学习的材料和对学生的学习支持这两个因素对在线教育的质量至关重要。我们需要了解学生到底需要什么，学生之间的差异是什么，他们需要何种帮助，这就是我之前说过的我们要更好地了解学生，并找到了解学生的更好途径，从而判断我们是不是在为学生提供了高质量的服务。

英国开放大学——学术辅助人员 Melare

学习支持服务是一个非常重要的因素，我们需要考虑学生到底需要什么。

我们要不断地寻找与学生进行沟通和为他们提供支持的新方式。我们需要确定应该在课程的哪些方面、哪个阶段为学生提供更多的支持，尤其是课程的初始和最后阶段。

英国开放大学——学术辅助人员 Alice

二、我国在线教育专业人员对学习支持服务的观点

研究发现，被问及“您认为哪些是保障开放大学教学质量的关键要素？”这一问题时，中国受访者的观点高度一致，除 1 位管理者和 2 位教学辅助人员外，有 26 位受访者认为学习支持服务是质量保障的关键要素，占受访者总人数的 81.3%。在受访者中，班主任这一角色对学习支持服务发表的观点明显多于其他角色。图 5–2 为访谈数据整理过程中受访者对学习支持服务与质量的观点编码分布图，表 5–2 为访谈数据整理过程中持该观点的受访者角色以及受访者谈及此问题的参考点，楷体部分为受访者回答这一问题时的代表性观点。

图 5–2　受访者对学习支持服务与质量的观点编码分布图

表 5-2 我国受访者对学习支持服务的观点分布表

受访者	角色	参考点
蔡嘉伟	管理者	3
陈静	管理者	3
陈新宇	管理者	4
陈应海	主讲教师	1
黄丽君	教学辅助人员	5
何开惠	主讲教师	1
董鑫	管理者	4
李婷	班主任	4
纪薇	主讲教师	5
赖晓红	管理者	4
雷晖	主讲教师	5
李刚	管理者	3
连文杰	管理者	4
田晓燕	科研人员	4
孙一	管理者	3
刘玉	管理者	2
罗小维	管理者	4
欧阳晶	主持教师	4
彭富杰	主持教师	3
彭小敏	管理者	3
皮蓉	面授辅导教师	3
宋利川	班主任	2
汪悦菡	班主任	4
孙幕	管理者	2
唐翕	管理者	2
田洪	班主任	3

我觉得学习支持是一个很重要的因素。教学资源和学习支持服务是远程教育发展的两个轮子。

服务很重要，师生分离的情况让我们必须提供支持服务。过去普通教育不讲支持服务，所以这可能是远程教育对整个教育的一个贡献，我个人认为可能支持服务的作用大于资源。

国家开放大学——管理者刘玉

首先你得保证你服务的质量，现在不管学生进来的层次是什么样的，网络教育机构得扪心自问，学生付了钱了，你给学生提供适当的服务没有？作为老师来说，我们要用各种各样的方法来帮助他们学习，但是老师的责任到位没到位，办学机构的责任尽到没尽到，这是质量的重要因素。

北京邮电大学网络教育学院——主讲教师陈应海

学习支持服务非常重要，开放教育就是要以学生为中心，为他学习提供各种各样的资源。学习支持服务覆盖的面很广，教师对学生辅导本身是一个，技术本身也是支持服务里面的一部分。

北京开放大学——管理者罗小维

研究发现，中英两国都有 80% 以上的受访者认为学习支持服务是在线教育质量保障的关键要素。通过进一步访谈“您认为保障学习支持服务工作质量最关键的要素有哪些？”两国受访者在多个方面表达了自己的观点，经过数据分析整理后发现，受访者认为学术性支持、信息与管理性支持以及社会性支持这三个方面最为关键。

第二节 学术性支持服务

研究发现，英国开放大学的受访者被问及“您认为哪些是保障学习支持服务质量的关键要素？”这一问题时，有7位受访者从不同的角度强调了学术性支持服务的重要性，占受访者总数的41.2%，包括所有的责任教师和辅导教师以及2位核心学术人员。责任教师和辅导教师在工作中与学生有广泛的接触，他们的观点更具代表性。表5–3为访谈数据整理过程中持该观点的受访者角色以及受访者谈及该问题的参考点。

表5–3 英国开放大学受访者对学术性支持服务的观点分布表

受访者	角色	参考点
Mary	辅导教师	3
Michael	辅导教师	2
Jo	核心学术人员	1
Mike	核心学术人员	2
Bob	责任教师	3
Peter	责任教师	2
Richard	责任教师	3

研究发现，在对我国在线教育专业人员的访谈中，被问及“您认为哪些是保障学习支持服务质量的关键要素？”这一问题时，有19位受访者的回答属于学术性支持范畴，占将学习支持服务作为关键要素人员总数的73.1%。受访者角色类型较广，包括6位管理者、3位主持教师、1位责任教师、1位面授辅导教师、3位主讲教师、1位科研人员和4位班主任。表5–4为访谈数据整理过程中持该观点的受访者角色以及受访者谈及该问题的参考点。

表5–4 我国在线教育受访者对学术性支持服务的观点分布表

访谈者	角色	参考点
董鑫	管理者	1
纪薇	主讲教师	2
陈应海	主讲教师	1
雷晖	主讲教师	4
赖晓红	管理者	1
蔡嘉伟	管理者	1

续表

访谈者	角色	参考点
唐翕	责任教师	1
皮蓉	面授辅导教师	3
孙一	管理者	4
彭富杰	主持教师	2
欧阳晶	主持教师	1
彭小敏	管理者	2
宋利川	班主任	1
汪悦菡	班主任	1
田晓燕	科研人员	2
汪东红	主持教师	1
宋利川	班主任	1
刘玉	管理者	2
田洪	班主任	1

中英两国的受访者分别从导学答疑、学业咨询与指导、面授教学与辅导三个方面针对学术性支持服务表达了自己的观点。

一、导学答疑

在中国受访者谈及学术性支持服务在学习支持服务的重要地位时，有8位受访者表达了导学服务和答疑服务的重要性，包括2位主持教师、2位主讲教师、1位责任教师和3位管理者，占将学术性支持服务作为学习支持服务关键要素的受访者总数的42.1%。表5–5为访谈数据整理过程中持该观点的受访者角色以及受访者谈及此问题的参考点，楷体部分为受访者回答这一问题时的代表性观点。

表5–5 中国在线教育受访者对导学答疑服务的观点分布表

访谈者	角色	参考点
董鑫	管理者	1
陈应海	主讲教师	1
雷晖	主讲教师	4
赖晓红	管理者	1
唐翕	责任教师	1
孙一	管理者	4
彭富杰	主持教师	2
欧阳晶	主持教师	1

学习支持一个很重要的方面就是提供导学服务，我们为学生提供了学习手册和学习指导书，向新生介绍网络学习的特点和过程，如何管理时间、如何做学习计划、如何向学校和学习中心求助等内容，每一门课都有一本口袋书，从教学的内容上、教材上指导他们学习，网络教育真是得强调导学。

中国农业大学网络学院——管理者赖晓红

我们主讲教师很少有机会能和学生接触，所以每学期几次的网络答疑就很重要。在答疑过程中可以了解学生的学习进度以及学生对教学内容的理解和掌握情况。有些学生比较认真，确实也问了一些问题，不过也有好些人不来，我在论坛上等着，但是没有几个学生。

对外经贸大学网络学院——主讲教师雷晖

以前答疑过程当中我发现学生比较重视的是考试，作业成绩怎么样算等现在新的课程设计下来以后，我发现答疑过程中学生还是比较注意学习内容的，因为我把学习内容针对学生做了一些调整，安排一些跟学生互动的活动，让学生在学习完一个阶段以后有一定反思，从学生的反思内容来看，学生确实是学了。

北京邮电大学网络学院——主讲教师陈应海

研究表明，受访者认为向在线教育的初学者提供导学服务可以帮助他们较快地适应在线学习环境，快速进入学习状态。有些网络学院还将在线教育入门作为一门小学分课程要求所有学生必修。在线答疑是主讲教师了解远程学生学习情况的有效途径，有助于促进师生间的交流和加强学生对知识的掌握与理解，但是也有受访者反映学生的参与度和积极性不高，导致在线答疑不能很好地发挥作用。

二、学业咨询与指导

英国开放大学的专业人员认为，在线学习是一种全新的学习方式，需要为学习者提供学业的咨询与指导。这些支持服务包括学习计划的制订、课程的选择、课程资源的使用、时间管理、学习方法的选择等方面，旨在帮助学习者认识到学习过程中的问题，在以往的学习和现在的学习之间建立联系，帮助在线学习者培养自主学习能力。

在学生入学的第一年，正式选课之前，我经常让他们做一些测验，以评估他们的能力水平，对于表现很好的学生，我们建议他们继续选择下一难度的课程；对于表现比较糟糕的学生，我们会和他们讨论是否确定要选择某门课程，因为对他们来讲有很大的困难。

当然并不是说通过测试的学生学习就一定没问题，但是对于没有通过测试的学生，我们要事先提醒，同时让他们认识到学习中面对的困难。如果他们坚持要选这门课，那我们就要做好准备，提供更多的支持服务。

英国开放大学——辅导教师 Michael

学生经常会和我讨论他们的学习计划和个人的发展，他们学了这门课有什么用，哪些资源对这门课有帮助，要花多少时间在某门课上，以现在的学习基础是不是可以选某门课等。所以为他们提供咨询服务，帮助学生做出合理的选择是非常重要的。

英国开放大学——辅导教师 Mary

我们每年新入学的学生大概有 40% 都没有接受过高等教育，很多人在最近的十年中都没有接受过正规的教育，我们需要帮助他们培养必备的学习技能，包括指导学生如何学习、如何有效地使用课程资源、如何进行时间管理、如何平衡工作与生活、如何与朋友和家人和谐相处等各种技能。

很多人之前没有远程学习的经历，所以有时候就要帮助他们找到合适的学习方法，帮助他们协调生活中各种事情对他们的影响。

英国开放大学——核心学术人员 Darles

我们需要不断地监控学生的学习过程，特别是在一些关键点上，如果不能为他们提供及时的支持与反馈，学生就有可能流失，比如在第一次作业前，第一次考试前都是学习中很重要的关键点，学生如果能够通过这些阶段，就会树立起信心，接下来的学习活动就会顺利很多。

英国开放大学——责任教师 Peter

学生需要获得有效的帮助，辅导教师要满足学生特定的需要，在合适的时机给学生所需要的支持。

没有这些帮助，学生在学习过程中会失去方向。所以，辅导教师需要与学生建立一种稳定的关系，帮助学生成为独立的学习者。

辅导教师需要帮助学生认识到他们学习过程中何时需要停下来复习，何时需要别人的指导，或者在以往的学习和现在的学习之间建立联系。帮助学生学会在遇到困难、困惑时及时采取有效策略。

学生要学会如何更好地处理问题，在海量的信息中有效率和有目的地筛选出有价值的内容。换句话说，学生需要学会如何学习，成为有效的自我学习者。

英国开放大学——责任教师 Richard

三、面授教学与辅导

研究发现，中英两国在线教育专业人员都认为，尽管采用在线的教育方式，面授教学与辅导仍然是保障教学质量的重要措施。英国开放大学的受访者认为，面授教学辅导对学生加深理解课程内容、交流学习经验、减少在线学习中的孤独感起到了非常重要的作用。

我认为虽然我们是远程教育，但是其中的面授环节必不可少，面授教学对于学生有特别的价值，它可以帮助学生克服远程学习中的孤独感，彼此交流学习经验并在辅导教师的组织和帮助下加深对于课程内容的理解。现在我们采用一种叫混合学习的模式，以远程教学为主，面授为辅，但是如果有一天开放大学彻底取消面授，将所有的学习活动放在网上完成，我绝对会非常担心教学质量。网络的确非常重要，但是不能作为与学生交流的唯一手段。

英国开放大学——辅导教师 Mary

对很多人来说，面授教学是开放大学最有趣和最有价值的工作之一。因为我们主要是开展远程教育，面授的机会相对比较少。但是面授对于学生的学习非常有价值，给那些具有强烈的学习动机，不断坚持学习的学习者提供与教师面对面沟通的机会，帮助他们更好地理解课程内容，扫除学习中的困惑，鼓励他们与老师和同学进行交流。

英国开放大学——核心学术人员 Jo

教学中很重要的一个方面就是提高并完善学生的学习经验，帮助他们在各种环境中学习，如果缺失了面授环节，我就很担心能否帮助学生发展这些能力，而且我们的学生的确很喜欢面授。

英国开放大学——核心学术人员 Mike

因为种种原因，学生无法管理好自己学习的情形很常见，一方面我会鼓励和帮助学生，另一方面，他们在面授教学中能够得到更大的帮助。因为在和其他同学的交流中他们会发现，原来别人也面临着同样的问题。我上周为 S104 课程的学生上了一次面授课，发现他们普遍对数学学习感到困难，交流后发现，很多学生都从别人那里得到了鼓励，他们发现对于自己困难的内容对别人也同样难，从而不再感觉到自己是孤军奋战。

英国开放大学——辅导教师 Michael

在中国受访者谈及学术性支持服务在学习支持服务的重要地位的观点中，有 17 位受访者强调了面授辅导的重要性，包括 6 位管理者、1 位面授辅导教师、3 位主持教师、3 位主讲教师、1 位责任教师和 3 位班主任，占将学术性支持服务作为学习支持服务关键要素的受访者总数的 89.5%。表 5–6 为访谈数据整理过程中持该观点的受访者角色以及受访者谈及此问题的参考点，楷体部分为受访者回答这一问题时的代表性观点。

表 5–6　我国在线教育受访者对面授教学与质量的观点分布表

访谈者	角色	参考点
董鑫	管理者	1
纪薇	主讲教师	2
陈应海	主讲教师	1
赖晓红	管理者	1
蔡嘉伟	管理者	1
唐翕	责任教师	1
皮蓉	面授辅导教师	3
孙一	管理者	4
彭富杰	主持教师	2
欧阳晶	主持教师	1
彭小敏	管理者	2

续表

访谈者	角色	参考点
宋利川	班主任	1
汪悦菡	班主任	1
汪东红	主持教师	1
刘玉	管理者	2
田洪	班主任	1
雷晖	主讲老师	3

从教育质量这个角度来讲，我觉得面授环节非常重要，它为学生提供一种直接的支持服务，学生能够直接和教师进行探讨，它对加快学生掌握知识的速度和提高效率都非常重要。

我在面授的时候，会把我这门课程的重点、难点以及需要了解的基础知识讲出来，不明白的话，当时他就会问。学生回去可以看网上的课，就完完全全地可以自学了，我觉得这还是很有必要的。

北京开放大学——管理者彭小敏

在线授课只是一种形式，它不应该完全替代面授，类似于中医和西医的关系，并不是用了中医就不能用西医，用西医就不能用中医，中西医结合是好的。现在大家都觉得网络替代现实中很多做不到的事，它能够做到，但是它不应该完完全全作为一个整体代替了这个活人，不应该是替代关系。

对外经贸大学网络学院——主讲教师雷晖

从面授教学的作用来看，中国受访者认为，面授教学为学生提供一种直接的支持服务，学生直接与教师进行探讨和沟通，减少了学生摸索的过程，节省了大量学习时间。此外，通过面授，辅导教师能够帮助学生理清思路，突破学习的重点和难点，在英语、高等数学等学科中更是发挥了不可替代的作用，而在线授课只是一种教学手段，面授教学是在线教育的必要补充。

面授对教学质量很重要，我的理解是，中国学生思想还没有完全地转化到在线学习上，很大程度上还是一个传统的教与学的观念，我就是想坐在教室里，有那种氛围那么我才学得进去。

让他上网上学习，很容易被弹窗分心，他根本就不学了，另外，很大一部分学生他有工作，有家庭，有生活压力，有工作压力，他也没有那么多时间，这个面授还是很重要的。如果没有面授，学生就是入不了门，确实有这样的一些课存在。

北京开放大学朝阳分校——责任教师唐龠

在线学习的学生没有足够的学习主动性。强迫他们必须每一星期几次在网上发帖子、交作业，有些学生不免应付。所以我们才有想法加强面授，让他们来上课。很多老师都提出这个要求。

你必须让他们在课堂上，强迫他们听东西、学东西，实际就像管孩子一样，他们没有主动性、自觉性。听老师面对面讲课和没老师讲自己学或者就看网上流媒体，还是不一样的。有时候一门课，他们楞学也学不下去，有一个老师提一提、点一点，肯定效率提高很多，各门课都一样。

北京开放大学海淀分校——管理者孙一

面授这个环节对于质量很重要。我们曾有段时间限制面授，就是说我们既然是远程大学，开放教育就干脆减少面授。把课程都录成网课的形式，让学生就在网上学。包括我们做的白板等实验都有，但是学生的主动性差。我们让这些不愿意自学或不会自学的学生去自学，就发现这些学生确实学习质量有所下降。所以分校现在开始抓面授课，如果学生不来就怎么样，强制学生来上课，有的分校已经开始这样实行了。

虽然我们把资源放在网上，但是我们觉得这个利用率并不高。现在确实受社会的影响比较大，因为学生工作也忙，家庭的事也多。

北京开放大学——主持教师欧阳晶

中国受访者认为受文化传统影响，学生更习惯于讲授式的课堂教学而不是自主学习；就自主学习能力而言，在线学习者的自觉性和主动性不高，自主学习能力不强，面授教学可以对学生起到较好的引导和帮助作用。

研究发现，61.5% 的受访者在访谈中都强调了在线教育课程中面授教学的重要作用。在中国开放大学系统中，面授教学占整体课程的 1/3。网络教育学院系统尽管没有明确提出面授的要求，但是有些网络学院的教学中已经包括面授环节，此外有 6 位来自网络学院的受访者认为在线教育中应该增加面授环节，作为在线教育必要的、不可替代的补充。面授辅导作为学术性支持服务的关键要素得到了大部分受访者的认同。

第三节 信息与管理性支持服务

一、信息与咨询服务

研究发现，在我国在线教育专业人员在访谈中被问及“您认为哪些是保障学习支持服务质量的关键要素？”这一问题时，有6位受访者的回答属于信息与咨询支持服务的范畴，占将学习支持服务作为关键要素人员总数的23.1%，包括2位管理者、1位责任教师和3位班主任。表5–7为访谈数据整理过程中持该观点的受访者角色以及受访者谈及此问题的参考点，楷体部分为受访者回答这一问题时的代表性观点。

表5–7 我国在线教育受访者对信息与咨询服务观点的分布表

访谈者	角色	参考点
田洪	班主任	2
唐翕	责任教师	1
宋利川	班主任	1
汪悦菡	班主任	1
董鑫	管理者	1
蔡嘉伟	管理者	1

作为班主任，所开的这些课的情况你得了解，多给学生提供一些信息，让他走一些捷径。有的学生经常上网能看见，有的学生不经常上网，比如说有的学生在超市工作，他不可能天天上网，有的学生的公司人家给联网，可以随时上网，情况不一样。多给学生提供点信息，或者必要的支持，那些信息渠道不大畅通的学生，我就直接打电话，告诉他们什么什么事。反正这些事儿，想得全一点，流失的学生就少一点。

北京开放大学朝阳分校——班主任田洪

什么时候该考试了，什么时候有什么测验，你一定要及时、准确、提早地告诉学生，使学生的信息特别完备。我学校要干什么事了，到什么阶段该干什么事儿了，或者我的课要什么时候调整了，老师有什么新的要求了，我把这些服务的信息，完整地提前提供给学生。

学生知道了，到时候该干什么了，我这门课，什么时候有变化，老师调课了，什么时候这门课该交第几次作业了，什么时候该考试了，什么时候老师要最后辅导了。学生对这个信息掌握得很好的话，一方面学生就会觉得，学校老想着我，有什么事儿老想着我，对学校有一个情感的依赖。另外，什么信息都直接告诉他，对他完成学业也有很大的帮助。

北京开放大学朝阳分校——责任教师唐翕

有什么重点的东西，我会告诉他们，按说这些都是成年人，不需要提醒他们，可能是我当中学老师当惯了，都提示他们，咱们有什么东西上线了，有流媒体，讲期末考试指导，我就告诉他们。或者你没有参加网上答疑，其他同学问了，你也有这个问题，你就上网上去看。

老师或者在论坛里发什么东西，我就提醒他们去看一看。你让他自己去，也许他今天上网，明天不上网，也许明天老师可能就会放一些重要的东西，老师把很多重要的电子版复习资料都放在网上，所以必须告诉他们。

我跟学生就这样，学生很少去问，有什么事找学校或者找这些老师，一般他都问我，我是盯得比较紧，比较细，就是这门课老师有什么要求我清楚，他就问我，这样避免学生瞎撞去，这样能给学生提供方便。

北京开放大学——班主任宋利川

通过他的账户登录以后，我们的系统给他推送过去，让他马上就能看到自己所关心的东西。只要一登录平台，开始的信息就显示“欢迎来自××地区，××中心的同学，你现在的学习状态、学习进度…”直接显示他现在已经学了多少学分，还差多少学分。

一方面有学院的公告，学习中心也有自己的公告。就是学院公告强制性告诉你，学院有什么样的综合信息，学习中心有什么信息。还有一部分东西是强制性的信息提示，就是基于消息驱动，学院有一些特别重要的东西会发给学生。另一方面还有手机短信，学生也能够接收到我们短信平台发送的各种通知。

对外经贸大学网络学院——管理者蔡嘉伟

研究发现，认为信息与咨询服务在学习支持服务工作中有重要作用的受访者主要是班主任、辅导教师和学生事务的管理者，他们共同的特点是与学生接触较多。由于在线学习者大多是在职成人，工作繁忙，学习和生活压力较大，难以保证每天都抽出固定的时间用于学习，有时对学校的信息和通知查看不及时，就需要通过班主任或技术手段对他们进行提醒和通知，在为学习者提供信息与咨询服务的同时，也培养了学习者对学校的归属感。

二、管理服务

研究发现，被问及“您认为哪些是保障学习支持服务质量的关键要素？”这一问题时，有 6 位受访者的回答属于管理类支持服务的范畴，占将学习支持服务作为关键要素人员总数的 23.1%。包括 2 位管理者、3 位班主任和 1 位主持教师。表 5–8 为访谈数据整理过程中持该观点的受访者角色以及受访者谈及此问题的参考点，楷体部分为受访者回答这一问题时的代表性观点。

表 5–8 我国在线教育受访者对管理服务的观点分布表

访谈者	角色	参考点
田洪	班主任	1
孙一	管理者	1
彭富杰	主持教师	1
宋利川	班主任	1
汪悦菡	班主任	1
唐翕	管理者	2

对学生的管理很重要，一个是要做他们的思想工作，另外要帮助学生完成学业，尤其是像我们电大，它八年学籍，像我们有一个学生，上西藏援藏去了，第一学期是我打电话告诉他，什么时候完成什么作业，你抓紧时候做，什么时候邮过来让老师给你批改了，告诉他什么时间考试，哪天请假回来。

这样这一学期他把各门课都完成了，就能完成学业。你要是不管他，他可能就不行。另外比如实在不行，他要休学半年，你就要管他，这一学期应该注册什么，哪些不能注册，因为它不开课，所以对学生的管理很重要。

北京开放大学朝阳分校——管理者唐翕

你不问老师问题，你又不来上课，你能学好吗？班主任一般是可以从计算机电教这一块，拿到这班学生上网的记录。上网说了什么，发了几次言，发言的内容是不是说了句“你好”就走了。到后面一统计就统计到次数了，但是内容不对。然后老师可以拿到一个特别长的单子，去看这学期各个学生做了什么，一般去靠班主任去管，就是监督他们嘛。

这种管理还是有促进作用的，你说这个人我强迫你念一个小时英语，就反复念，你再不想念，你潜移默化也知道一些东西了。但就是这样，你必须得上网，你必须得问问题，等等。你必须这样，必须那样，时间长了肯定有积累。

北京开放大学海淀分校——管理者孙一

我始终认为监督也是一种服务。你没有监督，没有约束的话，你这个服务是谈不上有质量的服务。

比如说监督发帖，这种除了我让你发帖子以外的话，我得看你发帖的内容，我有一个监督作用。这班主任什么的都可以看，不是一个责任老师看的问题，是一个体系的问题。你这种监督对成人来讲还是有效果的。

北京开放大学——主持教师彭富杰

研究发现，认为管理类服务在学习支持服务工作中有重要作用的受访者主要是班主任和责任教师，他们在工作中与学生的接触较多。受访者认为，通过对学生学习过程的监督与管理，可以了解学生的学习状况和学习困难，为学生提供个性化的支持和指导，从而帮助学生顺利完成学业。

第四节 社会性支持服务

研究发现，英国开放大学的受访者被问及"您认为哪些是保障学习支持服务质量的关键要素？"这一问题时，有4位受访者强调了社会性支持服务的重要性，包括2位核心学术人员、1位辅导教师和1位责任教师，占受访者总数的23.5%。表5–9为访谈数据整理过程中持该观点的受访者角色以及受访者谈及此问题的参考点，楷体部分为受访者回答这一问题时的代表性观点。

表5–9 英国开放大学受访者对社会性支持服务的观点分布表

访谈者	角色	参考点
Mark	核心学术人员	2
Darles	核心学术人员	1
Bob	责任教师	1
Michael	辅导教师	2

在对中国在线教育专业人员的研究中发现，被问及"您认为哪些是保障学习支持服务质量的关键要素？"这一问题时，有8位受访者的回答属于社会性支持范畴，占将学习支持服务作为关键要素人员总数的30.8%。受访者角色方面分布较广，包括3位管理者、1位教学辅助人员、1位主讲教师和3位班主任。表5–10为访谈数据整理过程中持该观点的受访者角色以及受访者谈及此问题的参考点，楷体部分为受访者回答这一问题时的代表性观点。

表5–10 我国在线教育受访者对社会性支持服务的观点分布表

受访者	角色	参考点
黄丽君	教学辅助人员	1
纪薇	主讲教师	2
赖晓红	管理者	1
蔡嘉伟	管理者	1
连文杰	管理者	1
田洪	班主任	2
宋利川	班主任	2
汪悦菡	班主任	2

一、增加学生的归属感

研究发现，在线学习过程中的孤独感是在线学习者学习过程中遇到的巨大挑战，通过为学生提供社会性支持与服务，能够让学生在学习过程中得到同伴的支持，也能够让学生感到集体的氛围和共同学习的环境，增强学习者对学校的归属感。

在线学习者没有机会组成班级，集体学习。所以学校一定要为学生提供一种归属感，让他们觉得自己是学习社区中的一员，使他们在学习过程中不再孤独，这是开放大学的学习支持服务很重要的一个方面。

英国开放大学——核心学术人员 Mark

我们现在提供的学习支持服务，很重要的一方面就是情感上的支持。在网上尽量营造良好的学习氛围，培养学生的归属感。我一学期当了三个班的班主任，即使虚拟的，反正我总在，任何什么问题，你应他一下就好。

在 QQ 群里，让他觉着老师总在那，和他平等一点，在学习方面，经常督促，慢慢说说效果就会好一些。你得为他们着想，他真的很辛苦，白天上班，晚上学习，得体谅他们一些。

过了一学期，你就告诉他 1/4 已经走过了，400 米他已经跑了 100 米，就剩 300 米了，咬咬牙就过来了，多说一说他们就感觉好一些。大家作为一个团队，还得讲点人情在里面，一起分享生活经验。最大的体会就是你就像是一个家长，学生到这儿来学习，一定把他照顾好，他问的问题一定尽心尽力地解决。

北京交通大学网络学院——教学辅助人员黄丽君

我这门课有 2 000 名学生，我负责 25 个学生。其中一些学生特别需要教师的帮助。我发现越来越多的学生需要信息方面的支持，有的时候他们的问题很简单，用邮件就很快回掉了。但是大部分学生还是喜欢用电话联系我，他们更喜欢和辅导教师交谈，他们需要和了解他们的人聊聊，更愿意人际间的交流。

事实上，我觉得这是一件好事，因为在谈话中如果你理解他们，对他们遇到的问题感到同情，并且给出合理的建议，他们会非常高兴，因为这正是他们所需要的。如果他们得到的只是空洞的回应，标准的信息和程式化的答复，他们就会非常不开心。他们会感觉自己被骗了，什么也没得到，所以这种人际间的沟通对于增加他们对开放大学的归属感非常重要。

英国开放大学——责任教师 Bob

二、培养学生学习的自信心

研究发现，受访者认为社会性支持在帮助学生树立学习的自信心方面起到了很重要的作用，很多在线学习者的学习基础比较差，对于学习存在畏难情绪，辅导教师适时的帮助和鼓励有助于增强他们学习的自信心，降低在线学习的辍学率。

在线学生确实需要一位辅导教师。对于一些学生来讲，一般的支持可能就够的，但是对于处在关键阶段的学生，如果想继续前进，就需要更多的帮助。远程学习者很容易失去信心，特别是开放大学的学生。由于学校与学生只有很少的联系，一旦学生失去信心，让他们恢复信心就很困难。

远程学习意味着很难对学生进行持续的关注，在第一次交作业的时候，已经是课程开始的两个月之后了，也就是说在相当长的时间里校方没有学生的任何消息。这时候如果我们发现学生在学习中处于落后的状态，已经来不及采取补救措施了。所以辅导教师对学生进行持续的关注、及时的指导和帮助显得尤为重要。

英国开放大学——核心学术人员 Darles

我认为许多学生有能力，但是信心不足，在学习中会过早地放弃。如果学生通过第一门考试，他们就会想“我能行”。如果学生总是遇到挫折，成绩很低，他就会情不自禁地想“我不行，我做不好”，所以学习支持要在帮助学生保持自信方面发挥巨大的作用。

英国开放大学——责任教师 Bob

三、做学生的思想工作

研究发现，我国在线教育专业人员强调，通过做学生思想工作能够提高学生满意度和降低辍学率。很多成年学生学习过程中面临着来自家庭、社会和工作中的压力，班主任通过为这些学生做思想工作，提供情感上的支持，帮助他们调整情绪，释放精神压力，坚持学习。

> 这就谈到每个学生的心理问题了，我们老师要多做组织工作，我们上课来布置一些东西，随堂会观察每个人的情绪，他们面临着工作、家庭、感情等方面的问题，比如家庭中孩子生病等问题。老师可做的工作非常多，要想让学生信服你，首先你要走进学生的心里，打开他的心灵窗户。
>
> **北京开放大学——班主任宋利川**

> 我们经常听到有人说，我现在非常有压力，我学不下去了，我跟老婆吵架了，我心情不好等非常个性化的问题，那我们怎么解决？我们的呼叫人员和工作人员就陪他谈心，去缓解他的压力，去给他打气，这算不算一种服务？而且这种服务，对学生有没有好处？绝对有好处。为什么呢？假设你把这种服务都做到位了，学生可能通过和你聊天把他的压力释放了，他的情绪释放了，又回到原来的层面上去了，他学习继续下去，可能比原来要更加努力。
>
> **奥鹏公共服务体系——管理者连文杰**

> 还有对学生的思想工作，他有家庭负担，有工作的负担，还要学习，你就给他讲清楚了，学习的时间你不能一点也不给，你把工学矛盾安排好了。如果安排不好工作你不能放松，家庭你不能放松，你只能放松学习，你就可以不学了。所以这个必须给他做好思想工作，给他讲好了，只要你一狠心，第一学期过了第二学期肯定问题不大了，你就习惯了，工作、家庭、学习你习惯了，你就觉得很轻松了，不会再觉得学习是个负担。
>
> **北京开放大学朝阳分校——班主任田洪**

研究发现，受访者认为社会性、情感性的支持是学习支持服务的重要内容。由于在线教育缺少人际沟通和交流，学生容易在学习过程中产生孤独感，从而造成学习动力不足，产生厌学或弃学的情绪。适时地向在线学习者提供情感性的支持能够帮助学习者获得更好的学习氛围，增加班集体的凝聚力，培养学生的归属感。情感性支持是班主任工作的重要内容，他们通过做学生的思想工作，体谅、关心和鼓励学生，帮助学生解决学习过程中的心理问题，为学生提供了有效的情感倾诉的渠道，缓解了学生的学习压力。

第五节 个性化支持服务

研究发现，英国开放大学的受访者被问及“您认为哪些是保障学习支持服务质量的关键要素？”这一问题时，有 8 位受访者强调了个性化支持服务的重要性，占受访者总数的 47.1%，包括 3 位核心学术人员、2 位责任教师、2 位学术辅助人员和 1 位辅导教师。表 5–11 为访谈数据整理过程中持该观点的受访者角色以及受访者谈及此问题的参考点，楷体部分为受访者回答这一问题时的代表性观点。

表 5–11 英国开放大学受访者对个性化支持服务的观点分布表

访谈者	角色	参考点
Mark	核心学术人员	3
Jo	核心学术人员	3
Bob	责任教师	5
Melare	学术辅助人员	2
Alice	学术辅助人员	1
Michael	辅导教师	1
Peter	责任教师	1
Mike	核心学术人员	1

一、个别化对待不同的学习者

在线学习者大多是在职成人，与青年学生不同，他们有工作经验和生活阅历，个别化地对待这些学习者是对他们最好的尊重和支持。英国开放大学通过较为完善的辅导教师系统，为学生提供单独指导和个性化的支持服务。

我认为对教学质量影响最大的因素就是辅导教师差异化地对待每个学生，为他们提供个性化的支持服务。

开放大学与普通高校最大的区别就是我们将学生作为单独的个体来对待。你可以看到我们开发的课程和 DVD 质量非常高，但是如果只是停留在这个阶段，那我们与函授学校就没有什么差别了。我想让我们与众不同的地方就在于我们的辅导教师为学生提供个性化的指导。

英国开放大学——核心学术人员 Jo

我们的学习支持服务从学生和大学建立关系那一刻就开始了，我认为最关键的部分是每个学生都能够受到个性化的对待，我们需要找出他们需要何种程度的支持服务。

大多数学生并不需要所有的服务，有些学生能力很强，只需要很少的支持和帮助，而有些学生则每周都需要有人查看他的学习进展如何，并为其提供及时的反馈。所以给学生一种归属感和个性化的支持服务是非常重要的。

英国开放大学——核心学术人员 Mark

对于学习支持来讲，一个非常重要的因素就是辅导教师能否认识每一个学生。当学生打电话或者发邮件时，辅导教师立刻知道他是谁，目前他们的情况怎么样，他的优势和劣势是什么，并和学生进行有意义的对话。我想这一点对于在线教育的质量保障尤为重要。

英国开放大学——核心学术人员 Mike

开放大学与普通高校最大的不同在于将学生作为个体区别对待。有很多学生将开放大学作为他们接受高等教育的起点，他们中的有些人为了更快地拿到学位，中途带着自己的学分去了其他的普通高校，他们认为能在面对面授课的传统大学中得到更多的个性化的服务。

但是很快他们就发现，教师并不知道他们是谁。在一个 200 人的大课堂里，教师根本都不知道他们的名字，或者很快就将他们忘记。而在开放大学则不同，一年中有一位或者几位辅导教师跟踪他们的学习情况，为他们提供个别化的学习建议和指导。因此很多人说，与普通高校相比，自己在开放大学得到了更为个性化的服务。

英国开放大学——责任教师 Bob

我们通过一个信息系统，采用服务组的方式对学生提供个性化的支持，当学生遇到问题时，这个系统就会显示学生的状态，这个组的任何一个成员都能够对学生进行辅导和帮助。

英国开放大学——学术辅助人员 Alice

二、深入地了解每个学生

为了更好地为学生提供个性化的支持服务，中国和英国受访者都认为应该对学生的个体情况加以深入了解，如学生的背景、学业水平、经济收入、学习动机甚至个性特点。有受访者提出可以采用大数据和信息系统的方式，让技术手段有效地支持个性化的服务。

因为每个学生的情况都不一样，有些学生和学校只有极其有限的联系，有些学生根本不联系辅导教师。

有的学生可能住得离学校很远，有的学生是残疾人，有的学生单亲，还有的学生不能独立出行，所以需要了解每个学生的情况，相应地为他们提供个性化的支持服务。

英国开放大学——责任教师 Peter

把学习支持服务分解成为若干个小的单元是一个非常棒的主意。这样服务就会变得更加灵活。未来的学习一个很有趣的方面就是信息技术越来越深地介入学习的过程，帮助我们更加深入地了解学生，在学生做决定的时候我们就能提供更多指导和帮助。

英国开放大学——学术辅助人员 Melare

我认为，在学习知识服务中间，个性化是必须要强调的，要对学生有更多的了解，日后人们参加网络学习的自我价值取向会越来越明晰，那种功利性的色彩越来越淡的时候，个性化的服务就显得越来越重要。

奥鹏公共服务体系——管理者连文杰

从我的经历来看，现在学生要求越来越高，如果只是简单地告诉他们“你要做这个，你得这样做”，他们并不高兴。他们希望学校能够提供一些服务，做更多的解释工作，所以我们要为学生提供多渠道的服务。不仅仅是课程和专业方面的，更多的是个性化的支持。

英国开放大学——学术辅助人员 Alice

三、给学生选择的权利

在线学习者的背景千差万别，水平参差不齐，受访者认为，面对不同的学习者，应该提供不同类别的服务，让学生有选择的权利。同时，个性化支持服务也不是照顾到所有学习者所有方面的要求，而是在学习服务的内容和成本之间寻找一种平衡。

给学生选择的权利是应对学生差异化并满足他们不同的需要的重要手段。我越来越意识到我所建议的是为学生提供一条灵活的选择路径，允许不同的选择，学生根据自己的特点和需求选择适合于自己的解决方法。尽管这有点挑战性，但是如果事前做好规划，我想还是能够提供几种选择。虽然不能让所有人满意，但是成人学生他们珍视自己选择的权利。

如果你让学生有选择的权利，他们会觉得你很为他们着想。这也是我们部分的使命，不要试图满足所有的需求和解决所有的问题，至少要保证一定的灵活性，不要用统一的方式对待所有人，这也是保证满意度的一种方式。

英国开放大学——核心学术人员 Jo

有些学生根本就不需要我们的帮助，一些学生确实需要我们的帮助，还有些学生他们根本不适合开放大学的学习，也许他们去普通高校会比较合适。

当然，个性化服务也不能满足所有人的所有要求。我们会为学生提供一些我们能够做到的选项，把注意力集中到那些真正能够从开放大学的支持服务中获益的人的身上。服务是有成本的，所以我们无法完全迎合学生，不能满足任何一位学生的所有需求，我觉得能够做到满足学生 70% 的需求就已经很好了。

英国开放大学——责任教师 Bob

我认为影响远程学习质量的一个真正重要的因素就是当学生觉得需要联系辅导教师的时候觉得很方便，很舒服，学生乐于不时地联系老师。学生联系老师总是比老师联系学生更加舒服。因为老师联系学生总是让学生感觉自己的个人生活被入侵了。

英国开放大学——辅导教师 Michael

研究发现，53% 的英国开放大学受访者认为个性化支持服务是保障教学质量的一个重要因素。与传统高校相比，开放大学更提倡为学生提供个性化的支持服务。由于开放大学有多样化的学生群体，单一的方式无法满足所有人的需要，所以很重要的一点就是了解学生的特点和需求，为其提供个性化的支持和指导，同时尊重学生的自主性，为学生提供多种选择机会。

研究发现，中英两国在线教育专业人员认为学习支持服务是在线教育质量保障的关键要素。其中在学术性支持、社会性支持、信息与管理性支持以及个性化支持这四个方面受到了受访者的较多关注。

在学术性支持方面，中英两国受访者认为导学服务、答疑服务和面授辅导是学术性支持的重要环节。导学服务可以帮助在线学习者较快地适应在线学习环境，快速进入学习状态。答疑是主讲教师了解远程学生学习情况的有效途径，有助于促进师生间的交流和学生对知识的掌握与理解。受访者特别强调了面授辅导的重要性，受文化传统影响，中国在线学习者更习惯讲授式学习而不是自主学习，学习的自觉性和主动性不高，自主学习能力不强，面授教学可以对学生起到较好的引导和帮助作用。

面授教学为学生提供一种直接的支持服务，通过人际沟通，学生直接与教师进行探讨和沟通，在帮助学生加深课程内容理解、彼此交流学习经验、减少远程学习中的孤独感方面起到了非常重要的作用。面授教学还缩短了学生摸索的过程，帮助他们节省了大量学习时间。此外，通过面授，辅导教师帮助学生理清思路，突破学习的重点和难点，在英语、高等数学等学科中更是发挥了不可替代的作用。目前面授辅导工作也遇到了一些困难，主要表现为学生的积极性不高，到课率较低，导致教学效果不明显。此外，成本问题也是一些网络学院没有将面授列入必需的学习环节的重要原因。

在社会性支持方面，社会性支持的作用在于培养学生的归属感，增强学生的自信心，增进学生之间的交流和降低远程学习的孤独感。由于在线教育缺少人际沟通和交流，学生容易在学习过程中产生孤独感，从而造成学习动力不足，产生厌学或弃学的情绪。适时地向在线学习者提供情感性的支持能够帮助学习者营造学习氛围，增加班集体的凝聚力，培养学生的归属感。情感性支持是班主任工作的重要内容，他们通过为学生做思想工作，体谅、关心和鼓励学生，帮助学生解决学习过程中的心理问题，为学生提供有效的情感倾诉的渠道，缓解学生的学习压力。

在信息与管理性支持方面，由于在线学习者大多是在职成人，工作繁忙，学习和生活压力较大，难以保障每天都抽出固定的时间用于学习，有时对学校的信息和通知查看不及时，就需要通过班主任或技术手段对他们进行提醒和告知，在为学习者提供信息与咨询服务的同时，也培养了学习者对学校的归属感。通过对学生学习过程的监督与管理，可以了解学生的学习状况和学习困难，为学生提供个性化的支持和指导，从而帮助学生顺利完成学业。

在个性化学习支持方面，英国开放大学 53.3% 的受访者认为个性化支持是其学校支持服务工作的特色，也是在线教育自身的要求。由于开放大学有着多样化的学生群体，单一的方式无法满足所有人的需要，所以很重要的一点就是了解学生的特点和需求，为其提供个性化的支持和指导。同时，受访者也指出无法为所有人提供所有的服务，学习支持工作需要在服务质量、类型和成本上找到一个平衡，特别是要探索提供哪些服务能使大多数学生从中获益。

学习支持服务是在线教育质量保障的关键要素，这一观点得到了中英两国专业人员的普遍认同。两国受访者都强调了学术性支持服务在学习支持服务中的重要作用。

英国在线教育专业人员从学习咨询辅导、学习技能培养、学习过程监督，以及在学习的关键点上为学生提供主动性的支持服务等方面对学术性支持服务的重要性表达了自己的观点。同时强调了面授教学辅导环节的重要性，他们认为面授教学在学生加深对课程内容理解，交流彼此的学习经验，减少远程学习中的孤独感等方面都起到了非常重要的作用。中国受访者从导学、答疑、辅导和面授教学方面阐述了学术性支持服务的重要性。在访谈中，有 61.5% 的受访者特别强调了面授，他们认为面授教学是在线教育中必要的补充，为学生提供一种直接的支持服务，通过沟通，学生直接与教师进行探讨和交流，减少了学生摸索的过程，提高了学习效率。

在线教育到底是一种新的教学模式还是一种教学手段，这个问题在学术界有不同的观点。但从两国受访者访谈的情况来看，两国专业人员都认为在线教育只是一种新的教育手段，并不能完全替代面授。面授教学仍是在线教育必要的补充，在保障教学质量中发挥了重要作用。

此外，中英两国受访者都强调了社会性支持服务在学习支持服务中的重要作用。英国开放大学的受访者认为社会性支持在培养学生归属感，增强学生自信心和降低远程学习的孤独感等方面都有很大帮助，社会性支持的主要工作由辅导教师负责。而中国受访者认为适时地向在线学习者提供情感性的支持能够帮助学习者营造良好的学习氛围，增加班集体的凝聚力，培养学生的归属感，对于保障在线教育质量具有重要作用。中国开放大学系统设立的专职班主任负责在线教育的社会性支持服务工作，他们通过做学生思想工作，对学生进行鼓励和管理，帮助学生解决学习过程中的心理问题，为学生提供情感倾诉的渠道，缓解学生的学习压力。

霍姆伯格认为，建立师生间的交流关系是增强学习动力进而实施远程学习的先决条件。在线教育中教和学的中心是人际关系，学习的愉悦、交流、热情和归属感会促进学生的学习动力，并对其学习产生有效的影响。从另一个侧面证明了社会性支持服务在在线教育中的重要作用。①

与中国受访者差异较大的是，英国在线教育专业人员强调了个性化支持服务在学习支持服务中的重要作用。一半以上的受访者认为个性化支持服务是保障教学质量的一个重要因素。与传统高校相比，开放大学更提倡为学生提供个性化的支持服务。由于开放大学有多样化的学生群体，单一的方式无法满足所有人的需要，所以很重要的一点就是了解学生的特点和需求，为其提供个性化的支持和指导，同时尊重学生的自主性，为学生提供多种选择机会。这一观点反映了英国教育和文化中尊重个性的特征。

研究发现，中国受访者认为信息与咨询服务在学习支持服务工作中有重要作用。提出该观点的受访者主要是班主任、责任教师和学生事务的管理者，他们共同的特点是与学生接触较多。受访者认为中国在线学习者学习动力不足，自觉性和主动性较差，外部的管理和督促能够帮助和促进学习，在某种程度上使学习“强制发生”。② 因此这种监督和管理对于保障在线学习的质量具有重要的作用。该观点在英国受访者中提及的很少，原因可能是英国在线学习者学习的自觉性较强，对外界管理的依赖性较小，在学习支持的过程中该问题表现得不明显，深层面原因还需要做进一步的研究。

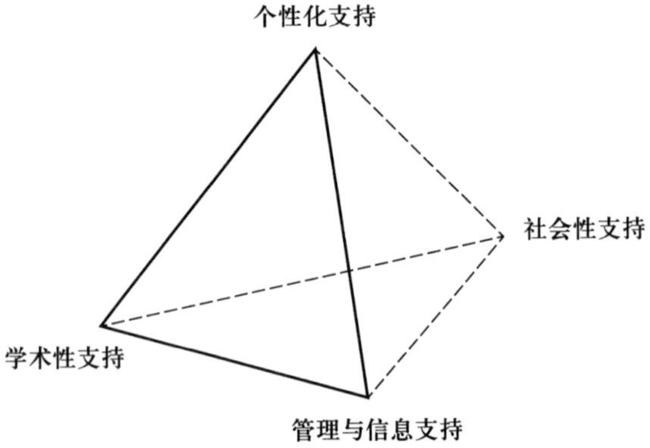

图 5-3 在线教育学习支持服务金字塔模型

① Holmberg B. *Theory and Practice of Distance Education. Second edition*[M]. London and New York: Routledge,1995：45.

② 李福德，张凤茹．“三思”而后行，让网络学习真正发生的十八法[EB/OL]. http://www.edu.cn/xxh/focus/cio/200806/t20080619_303568_1.shtml. [2018-09-21].

本书设计了一个在线教育学习支持服务的金字塔模型，此模型中，在线教育的学习支持服务应该包括学术性支持、社会性支持、管理与信息支持以及个性化支持四个方面（参见图 5–3）。其中学术性支持、社会性支持和管理与信息支持服务是学习支持服务的基础，在线教育机构应在自己的能力范围内为每位学习者提供，在这个基础上，为了保障教学质量，提高学生满意度，还需要向学生提供位于金字塔顶端的个性化支持服务。根据四棱锥的数学原理，四棱锥的体积 V=1/3Sh，从金字塔顶端向下做垂线，可以计算出金字塔的体积，这个体积就是在线教育机构为学习者提供支持服务的值。

第六章

正理平治——在线教育的质量管理

第一节　管理是在线教育质量保障的关键

一、管理因素对在线教育质量的影响

研究发现，英国开放大学的受访者被问及“您认为哪些是保障开放大学教育质量的关键要素？”这一问题时，有 12 位受访者认为管理是质量保障的关键要素，占受访者总人数的 70.6%，包括 3 位责任教师、4 位学术辅助人员、3 位核心学术人员和 2 位辅导教师。图 6–1 为访谈数据整理过程中受访者对教学管理与质量关系观点的编码分布图，表 6–1 为访谈数据整理过程中持该观点的受访者角色以及受访者谈及此问题的参考点，楷体部分为受访者回答这一问题时的代表性观点。

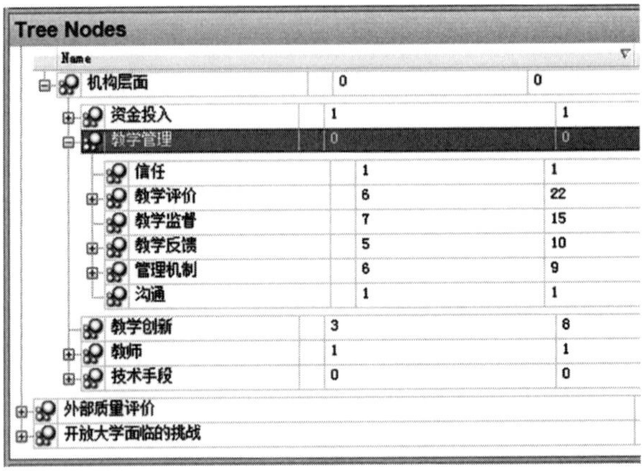

图 6–1　英国开放大学受访者对管理与质量关系的编码分布图

表 6–1　英国开放大学受访者对管理与质量关系的观点分布表

受访者	角色	参考点
Melare	学术辅助人员	2
Adam	学术辅助人员	3
Gayor	学术辅助人员	2
Alice	学术辅助人员	4
Anne	核心学术人员	5
Mark	核心学术人员	4
Mike	核心学术人员	4
Bob	责任教师	5
Richard	责任教师	3
Mary	辅导教师	4
Peter	责任教师	4
Michael	辅导教师	3

由于开放大学是一个非常巨大、分散和复杂的组织，在不同的学术机构之间以及学术机构内部有很多细碎的劳动分工和责任。不同组织如各个院系、学习支持服务中心、教学解决方案中心，多个地区学习中心之间存在着复杂的关系。因此我们不得不采用比传统高校更加明确化、制度化和书面化的方式加强我们的质量监管过程。

英国开放大学——责任教师 Richard

我们有各种质量管理系统，辅导教师的质量控制由责任教师来负责，就像现在我所做的。课程的生产通过设计好的流程来管理，包括对课程生产过程的评估，以及评估的策略和评价的方法。

英国开放大学——核心学术人员 Anne

对于教学质量，我们有一系列的规则和规定，尽管很多学术人员会向我抱怨，但是对于保障课程的质量而言，这是非常必要的，也约束着学术人员，让他们不能太任性。

英国开放大学——学术辅助人员 Gayor

开放大学有效地运用质量保障的过程与策略来保障课程质量。在课程开发过程中，我们不得不提醒自己在特定的时间要做到什么，并不断地被检查是否达到了目标。课程开发之外的监管人员也会在特定的时刻审查课程的构成、课程的评价策略以及教学情况。

英国开放大学——责任教师 Bob

与其他角色相比，所有的学术辅助人员和责任教师都认为管理是在线教育质量保障的关键要素。一方面，学术辅助人员主要从事开放大学教学管理工作，他们对学校的质量管理过程更熟悉；另一方面，责任教师负责开放大学与学习中心的学术事务管理工作，他们了解在线教育全部的教学过程。这两类角色的观点互相印证，也突出了管理工作对于质量保障的重要性。

研究发现，对中国在线教育专业人员的访谈中被问及“您认为哪些是保障在线教育质量的关键要素？”这一问题时，有 12 位网络学院系统的受访者和 13 位开放大学系统的受访者认为管理是质量保障的关键要素，占受访者总数的 78.1%，包括 15 位管理者、4 位主持教师、2 位主讲教师、2 位班主任、1 位科研人员和 1 位教学辅助人员，管理人员更多地从在线教育管理工作的重要性方面表达了自己的观点。表 6–2 为访谈数据整理过程中持该观点的受访者角色以及受访者谈及此问题的参考点，楷体部分为受访者回答这一问题时的代表性观点。

表 6–2 我国在线教育受访者对管理与质量关系的观点分布表

受访者	角色	参考点
蔡嘉伟	管理者	4
陈静	管理者	2
陈新宇	管理者	3
董鑫	管理者	3
孙雪	管理者	3
赖晓红	管理者	5
李刚	管理者	5
连文杰	管理者	7
刘勇	管理者	2
刘玉	管理者	5
罗小维	管理者	6
孙一	管理者	4
彭小敏	管理者	3
孙幕	管理者	3
唐翕	管理者	3

续表

受访者	角色	参考点
汪东红	主持教师	3
宋涛	主持教师	2
彭富杰	主持教师	4
陈应海	主讲教师	5
何开惠	主讲教师	5
田晓燕	科研人员	5
田洪	班主任	2
黄丽君	教学辅助人员	2
欧阳晶	主持教师	3
李婷	班主任	3

质量管理在质量保障中，应该说起到了一个非常关键的作用，一定要说几个要素的话，我觉得第一必须是以学生为关注焦点，确实是这样，因为在线教育主要的“顾客”就是学生了，这与普通高校不一样。

弘成公共服务体系——管理者李刚

内部质量管理是学校内在的需求，如果一个学校它能主动去提升内在的东西，我就挺佩服的。最重要的就是人的自律性，比如说我们的那个规章制度我一下就能给你拿出好几本来，但真正做起来不一定会按它执行的。这就是内部的这种质量管理。也就是说有条文，但是没有落到实处。

北京开放大学——主持教师彭富杰

远程教育的管理体系是什么概念，因为在线教育的整个教与学过程是相对分离的，然后再把教与学重新整合，学生在学习过程中获得知识，掌握技能，从教的角度和学的角度都有一个过程，在每个关键环节上都有若干个需要控制的点，我们强调对在线教育学习过程的管理。

其中核心在于对教学过程的控制。这里有点类似于质量管理体系里面谈到的从顾客需求到顾客满足的过程，中间准备多个流程的控制环节，针对控制点采取比较有效的策略和方法，来观测和衡量过程的发生。在控制点的过程中有没有达到你预期的目标，这是一个非常重要的组成部分。

以学习的支持服务为例，我们整套管理体系，不仅仅是停留在制度上、停留在规定上、停留在一个基本的流程上，而是把它做成一整套管理系统，也就是说任何一个学生不管通过什么方式，有请求有问题进来，这个人姓甚名谁、多大年纪、什么职业、在哪个学校读到什么层次、哪个专业、在哪个学习中心等，他只要能够进来我全能了解。

奥鹏公共服务体系——管理者连文杰

二、质量保障机制的作用

研究发现，被问及“您认为在管理工作有哪些关键要素？”这一问题时，英国开放大学的受访者中有 6 位认为一套有效的管理机制对于教学管理工作非常重要，占受访者总人数的 35.3%，包括 4 位学术辅助人员、1 位核心学术人员和 1 位责任教师。表 6–3 为访谈数据整理过程中持该观点的受访者角色以及受访者谈及此问题的参考点，楷体部分为受访者回答这一问题时的代表性观点。

表 6–3 英国开放大学受访者对开放大学的管理机制的观点分布表

受访者	角色	参考点
Gayor	学术辅助人员	1
Anne	核心学术人员	1
Adam	学术辅助人员	4
Melare	学术辅助人员	1
Alice	学术辅助人员	1
Peter	责任教师	1

我们有一整套稳定的系统来支持整个学校的运转，它不依赖于个人，如果有人生病或者有意外情况，系统仍然能够正常工作。我们不能把希望寄托在某个人身上，如果只有 Bloggs 先生知道这件事怎么做，那将是非常危险的。

英国开放大学——学术辅助人员 Adam

我们的质量靠一整套管理机制来保障，而不是依靠个人。我们能保证很高的质量水准和声誉的主要原因在于开放大学的内部质量保障机制，它比我知道的任何一所大学都要好。

英国开放大学——学术辅助人员 Melare

开放大学的标准和声誉都很好，事实上，我们通过一套比任何大学都好的内部机制来保障质量，这是我经常引以为傲的。

英国开放大学——责任教师 Peter

研究表明，35.3%的英国开放大学受访者认为在教学管理中，完善的管理机制对于保障教学质量非常重要。开放大学重视质量控制机制的建立，这些机制可以保障教学工作在不依赖个人的情况下有条不紊地开展。

在我国在线教育专业人员被问及“您认为在管理工作中有哪些关键要素？”这一问题时，有8位受访者认为一套有效的管理机制对于质量管理工作非常重要，占受访者总人数的25%，包括4位管理者、1位主持教师、2位主讲教师和1位科研人员。表6–4为访谈数据整理过程中持该观点的受访者角色以及受访者谈及此问题的参考点，楷体部分为受访者回答这一问题时的代表性观点。

表6–4 我国在线教育受访者对管理工作关键要素的观点分布表

受访者	角色	参考点
何开惠	主讲教师	3
李刚	管理者	4
田晓燕	科研人员	4
陈应海	主讲教师	2
罗小维	管理者	3
彭富杰	主持教师	2
连文杰	管理者	4
刘玉	管理者	3

对于在线教育的质量，我觉得首先还是要在政府层面上，怎样从整个社会层面上把结构搭好，把奖惩搞清楚，基本上奖优罚劣要做到位，这个很重要的。从评价上看，质量好的才能有更好的生源，质量好的才可能更好地发展，如果到了这种程度的话，自然这些人很聪明就能想到如何提高质量。

事实上国内的很多在线教育机构，很多学院做得比较好，它的在线教育在某个点上做得很好，比如说有的在质量管理上、有的在课程管理上、有的在学生服务上、有的在咨询教育，有很多创新，适合国情，做得很好。但是，为什么不能形成一个整体的效应呢？我就觉得各个学校在机制上还没有达到奖优罚劣的机制，放开学历竞争，游戏规则不合理，游戏规则首先要合理然后再竞争，或者是游戏规则有价值导向的，向高质量看齐，我认为这个是最重要的。

华东师范大学网络学院——主讲教师何开惠

我觉得质量比较好的网院学院有两个方面做得比较好，一方面是它有很优秀的质量保障的意识和能力，另一方面是已经建立了一套制度或者叫机制，让这个体系正常地运转，这是一个非常好的现象。

我走了大概十几个网院做过类似的调查，你能看到它们的工作是在一个有序的情况下，管理已经从应对式逐步升级到系统性的工作。第二个就是它的服务的意识，我们往往把教育说成是服务，但是是不是你真的有这样的一些实际操作的意识和能力。比如我们有很多网院的管理方式变成那种主动服务式的管理，甚至建立了CIM，有意识改进质量，这两个方面来看，大概有1/3的网院做得也不错。

弘成公共服务体系——管理者李刚

我觉得有些地方我们得向国外学习，比如有时候它的校长都辞职了、退休了，有两个月新校长没来，学校照常运转，一点问题没有。

国家开放大学——科研人员田晓燕

目前在线教育质量下降的因素之一即管理机构缺乏管理导致招生规模迅速膨胀，用经济学术语形容就叫“劣币驱良币”，大家都在拼命地圈地，谁的网络学院容易过，谁的网络学院“骚扰”学生的程度比较小，人家市场就接受谁。

为什么不把网络学院的招生规模跟它的教学能力相做一个比对呢?

北京邮电大学网络学院——主讲教师陈应海

从中国在线教育专业人员的访谈中可以看到，影响在线教育质量的一个重要因素在于在线教育是否有一套有效的管理机制。从政府层面来看，政府管理机构对于在线教育的监管还存在一定的欠缺，缺乏针对在线教育质量保障的顶层设计；在院校层面，还有很多在线教育机构没有建立起有效的质量保障机制，在制度设计方面还有待于完善。

第二节 在线教育需要建立质量标准

一、完善的质量标准是英国开放大学教学质量的重要保障

研究发现，被问及“您认为在管理工作有哪些关键要素？”这一问题时，英国开放大学的受访者中有 7 位认为完善的质量标准对于质量保障工作非常重要，占受访者总人数的 41.2%，其中包括 2 位学术辅助人员、3 位核心学术人员、1 位责任教师和 1 位辅导教师。表 6–5 为访谈数据整理过程中持该观点的受访者角色以及受访者谈及此问题的参考点，楷体部分为受访者回答这一问题时的代表性观点。

表 6–5 英国开放大学受访者对质量标准的观点分布表

受访者	角色	参考点
Mary	辅导教师	3
Mark	核心学术人员	2
Darles	核心学术人员	1
Lucy	核心学术人员	2
Adam	学术辅助人员	3
Alice	学术辅助人员	2
Richard	责任教师	3

由于我们是远程教育，与传统的大学不同，辅导教师不会经常见面，也没有什么交流的机会。因此，开放大学不得不规定严格的流程和标准。特别是辅导教师必须用相同的标准为学生评定成绩。

因为如果我给分的标准太低，当我的学生进入到最后的考试环节时，他们就会感到非常困难，因为他们不知道真正达到学术要求的标准是什么。

英国开放大学——学术辅助人员 Adam

开放大学有统一的质量标准，当我们开发课程的时候需要确保新的课程符合质量标准。这体现在课程的结构、课程的内容、学生的学习结果、我们期待学生能够获得的知识和技能等方面。

为了达到特定的质量标准，开放大学内部有一系列审批的环节，在通

过评估、评价和问询之后才能得到审批。

以课程开发为例，在课程开发的每个阶段都有相关的机构把关，课程在通过院系的审批之后要通过教学委员会的审批，在最后一个阶段还要通过大学理事会的审批才能进入真正的课程开发环节。总体来看，我们有一套自己所坚持的质量标准，同时也会不断地检查各个环节有没有遵照特定的质量标准进行。

英国开放大学——核心学术人员 Darles

我们需要确保每一门课传递给学生的是同样质量的内容。我们采用的方式是通过实践建立一个最佳课程的质量框架，并复制到其他课程。因为“如果在这里有效，那么一定也在其他地方有效”这句话说起来容易，但系统性地同质化管理所有课程，来保证相同课程学生的学习经历以及与辅导教师的关系接近，并不是容易的事。

所以最重要的是我们首先要有一个内部的质量标准，确保我们的课程与其他大学质量相同。我们的目标是在学生的学术水准与服务上要好于或至少与其他大学质量持平，这样才能使学生缴纳的学费物有所值。

英国开放大学——学术辅助人员 Alice

我认为最好的质量保障是学术人员将质量标准内化，如果你不能坚持质量标准，那么你将会毁掉自己的声誉。所以我们通过过程性评价来确保我们能够达到质量要求。

英国开放大学——辅导教师 Mary

如果辅导教师的评分标准出现了问题，就会严重地影响教学质量，因此我们会特别担心。特别是某个辅导教师的评分标准低于应该达到的标准时，学生会认为他们的作业是可以被接受的。我们会通知地区学习中心的管理者，他们会找辅导教师谈话，如果还出现类似问题，他就不能再当辅导教师了。

我们会重点监督辅导教师对学生作业的评分情况，对学生的支持服务和反馈情况。

英国开放大学——核心学术人员 Lucy

二、质量标准的缺失对我国在线教育质量有重要的影响

研究发现，与英国开放大学受访者认为质量标准对教育质量的重要作用相对应，中国受访者认为目前中国在线教育质量不令人满意的一个重要原因在于中国在线教育缺乏统一的质量标准。

质量管理最重要的一点就是要设定好这个事情要达到的标准。这里我想的是远程教育里面的课程教学和支持服务，课程还是比较好做标准的，比如说课件，做到什么程度。但是过程中的服务，本身属于第三产业，服务产业就不太好定标准。

其实对任何事情只要谈到质量，就是质量的标准要求达到什么水平。然后肯定要明确讲到这个东西要怎么做，包括课程也要讲要怎么做课件，怎么组织教学的过程，我们支持服务更是如此。

北京大学医学部网院——管理者董鑫

有人说，开放教育的质量在不断下滑，或者说不如以前了。这里边很重要的一个问题就是我们没有质量标准，国家也好，或者行业也好，应该出台一个规定，告诉社会我们的质量的评判标准是什么。

其实我更希望有些第三方比如社会机构的认证，建立一些标准来规范它。

北京开放大学——主持教师彭富杰

如果开放大学或者网络学院有一个社会认同的教学质量标准，比如课程设置有哪些、修多少学分、毕业后学生达到什么样的水平，那么开放大学的社会认可度就会明显提高。

这个标准非常必要，但这个质量标准要和普通高校区别开，开放大学跟传统高校的生源不同，标准也不能完全一样。

北京开放大学海淀分校——管理者孙幕

所谓的质量底线问题，可能是与现实情况有关，因为比较混乱，比较不规范。我觉得我们需要一个质量标准，这个质量标准倒未必是统一规格的，都在这个平台上运作，但是它应该有一个统一的评审机构，否则没有人认同你。

也就是说，因为你没有统一的质量标准的，就没有人来评价它的质量

是好是坏。所以我觉得一个统一的质量标准在保障教育质量方面能起到作用。我们经过评估，然后向社会公布这些数据，公布我们的标准是什么？这样才具有社会的公信力。

北京开放大学——管理者罗小维

从质量的角度，我认为远程教育应该有相对一致的质量标准。但是现在就没有这个标准，有的人也在试图建立这个标准，但这个标准不好建。需要建立标准我觉得这是肯定的，而且宜早不宜晚。

所谓标准，就是不管是什么样的学生，最后他经过专业培养以后，应该能达到一个比较一致的质量水平。

所以开放教育这个东西应该有一个标准，虽然教育的产品比较特殊，关乎的是人，你看欧洲人家各方面的高等教育都有质量标准。当然国外的东西也不一定照搬到中国就适用，我还是倾向于有这样的一个标准。

国家开放大学——主持教师宋涛

开放教育应该有质量的底线，竞争的无序，就导致大家拼命地去降低标准。所以目前这种状态之下，我们有必要建立一个底线，就是类似于国家的标准。

我们的每一个专业，或者某一些学科，我们在学生达到一个什么样的程度才能毕业，比如说建立起国家统考机制或者什么，不单包括考试的成绩，包括资源，这都应该有个标准的，包括过程啊，都应该有一个标准的，没有标准的话，这个管理还是有问题。

国家开放大学——管理者刘玉

我是赞同有一个统考的，它的目的主要是设立了一个标准，不然每个学校自主权力要是特别大的话，就像职大，那么我的学校学生都可以100% 毕业了。因为现在的办学有商业因素在里面，这本身就和质量是有矛盾的。

我们如果把门槛降得越来越低，学生越好毕业那么生源越多，拿证也越来越容易，如果这样发展下去，连个标准都没有，门槛太低的话，社会声誉就可能会成问题。

北京开放大学朝阳分校——责任教师唐翕

我国在线教育从业人员认为，无论是开放大学系统还是网络学院系统，目前都没有一个较为完善的、能够得到社会普遍认可的质量标准。对于在线教育培养应用型人才的这一定位，没有具体的内容、规格、层次的详细阐述，导致社会对在线教育所培养的人才质量的认知度不够，只能与普通高校进行简单比较，而实际上二者的质量标准是应该加以区分的。

三、质量标准的制定及内容设置应充分考虑在线教育的特点

研究发现，在线教育的质量标准是我国受访者特别是管理者非常关注的一个问题，国家开放大学的科研人员、管理人员和奥鹏公共服务体系的管理者都对该问题阐述了自己的观点。

开放教育的质量标准也可以和普通高校一样。像英国开放大学每门课的考试是由普通高校的老师判卷子，专业和课程标准也是一样。为什么我有信心制定一个统一标准，因为我们所有专业都是普通高校认可的，所有课程都是普通高校鉴定通过的。

国家开放大学——管理者刘玉

研究发现，我国在线教育专业人员认为非常有必要制定在线教育的质量标准，为了保障质量标准的公信力和社会认可度，不同受访者提出了自己对标准建立的观点。

我觉得质量标准要有一个基本定位。在线教育现在国家定位就是在职成人的继续教育，那么它教育的目的就是让这些人能够更新知识、提升技能、更好地做工作，在工作中间能够有更强的创新意识和能力，能够把现有的工作做得更好，能够使劳动生产率提升，通过这种方式提升自己在社会中的价值，提升自己的生活品质。既然是这种定位的话，那么你的质量标准就应该按照这种定位来进行设定，从而把这种在线教育的质量和传统教育质量区别开。

我们以往是没有这个标准，那么大家自然就拿一些现有的传统教育的标准来衡量，所以这里面还有一个问题，可能在传统高校里面，大家强调更多的是厚基础、宽口径、培养复合型人才，培养这种人是希望他未来融会贯通，跨领域，能够创新、创造，推动整个科技向高精尖发展，评价这些人的标准跟在线教育是完全不一样的，你看的点和衡量的因素标准完全是不能类比的，所以在这个意义上来讲，我认为这两类质量标准是完全可以分开的。

奥鹏公共服务体系——管理者连文杰

整个开放大学的系统里面，即使你有标准，那也是开放大学自己的标准，那么你自己的标准谁来认同你？谁来承认你？我认为标准应该由第三方来设置，比如由国家或者教育部来设定一个开放教育的质量标准。

我们为什么会信服人家英国开放大学，因为人家评了，英国开放大学排名是前五。这个数据是摆在这儿，谁都认它。所以应该设定一个统一的质量标准。

实际上如果它有了一个统一评价的国家的标准，比如我认定河北开放大学达到了要求，它就可以有自己专业开设的自主权，可以授予学位，这对学校本身发展是比较好的。

北京开放大学——管理者罗小维

受访者认为应该建立一套在线教育的质量标准，但是对于如何建立这套质量标准，受访者的观点并不一致，有较多的受访者提出可以借鉴西方质量管理的方式，质量标准不是由单一的机构提出，而是由国家提出，或者是由国家认可的第三方权威机构设立相应的质量标准，这样有利于保障质量标准的社会公信力和专业性。

我觉得现在的问题就是没有标准，而且这个标准不能自己来设，我设置一个制度，自己设一个标准来卡，这是不行的，它没有公信力。即使它设了，这个东西是自己设的话，它自己也不会执行的。

如果设定质量标准，我认为这个标准应该由第三方来设，比如像美国那样，成立一个班子，吸纳各种人员来参与。根据教育的不断发展，适当地改革、调整它的那些标准。

无论是开放大学还是网络学院，应该做一个全国的网络教育的统一标准。因为所谓的标准，就是一个规范，他要找共性的东西出来，你只要是做的远程教育，都应该是同样的标准。

北京开放大学——主持教师彭富杰

第三节　监督与反馈是提高教学质量的有效途径

一、过程监督是保障质量的重要措施

研究发现，在英国开放大学专业人员被问及“您认为管理工作中有哪些关键要素？”这一问题时，在17位受访者中有7位认为监督工作对于教学管理工作非常重要，占总人数的41.2%，其中包括2位学术辅助人员、2位核心学术人员、2位责任教师和1位辅导教师。部分中国在线教育相关工作的受访者也对监督工作在管理中的重要性持相似观点。表6–6为访谈数据整理过程中持该观点的受访者角色以及受访者谈及此问题的参考点，楷体部分为受访者回答这一问题时的代表性观点。

表6–6　英国开放大学受访者对教学监督的观点分布表

受访者	角色	参考点
Lucy	核心学术人员	3
Mary	辅导教师	3
Adam	学术辅助人员	2
Jo	核心学术人员	2
Bob	责任教师	1
Alice	学术辅助人员	3
Peter	责任教师	1

开放大学有不同的系统，而监督系统是确保质量的最大系统。以课程开发为例，开放大学设立了“阶段门”的流程，为了确保课程内容得到不同的机构在不同阶段的监督和审核。

在PLANET系统中，每个阶段都会有不同的质量要求，每个阶段都要通过不同人的审查才能够进入下一阶段。尽管这很花时间，但是非常必要，这意味着你可以很放心地结束这一阶段的工作。

英国开放大学——学术辅助人员 Alice

我认为监督是保障教学质量的一个重要因素，开放大学有一个独一无二的监督系统。

在传统高校，每个外部评审员每年最多抽查 2~3 份论文，但是在开放大学，每份论文都会被自己的外审员检查。我自己就是一位检查员，我监督我的同事的工作，我会检查他们判过的每份作业，就算是特别有经验的辅导教师，至少也要被检查 3 份。

此外，在开放大学每个学生都要做同样题目的论文，如果是在一所传统高校，比如曼彻斯特、利物浦和基尔大学，这些学校的心理学专业学生做的论文题目都不一样。而在开放大学所有的学生都要做同一题目的论文，这样我们就可以监督他们的学术标准，监督老师的打分情况。如果辅导教师的打分出现了问题，就会受到处理。

英国开放大学——辅导教师 Mary

对于学生的监督和观察你要让他们知道，辅导教师并不只是监督你告诉你应该如何如何，而是与他们平等地交流，告诉他们我之所以这样做的原因。

我想开放大学的质量保障机制和规则至关重要，比如在课程的开发过程中，你不得不在特定的时间提交相应的材料，并且接受相应的监督。在课程的呈现方式、课程材料的构成、面授教学的安排，课程的评价标准等方面都有来自外部的监督。

英国开放大学——责任教师 Peter

研究表明，英国的受访者认为监督是教学质量的有效保障，对于每个环节的监控能够保障工作按照质量标准进行，监督工作也是反馈和进一步改进的基础和依据。

（一）对辅导教师的监督是同质性高等教育的重要保障

研究发现，英国开放大学专业人员对监督工作保障该校质量水准做了较多的阐述，在 17 位受访者中有 6 位谈到了辅导教师的监督工作，占受访者总数的 35.3%，其中包括 2 位学术辅助人员、1 位核心学术人员、2 位责任教师和 1 位辅导教师。表 6–7 为访谈数据整理过程中持该观点的受访者角色以及受访者谈及此问题的参考点，楷体部分为受访者回答这一问题时的代表性观点。

表 6–7 英国开放大学受访者对辅导教师监督的观点分布表

受访者	角色	参考点
Michael	辅导教师	2
Peter	责任教师	1

续表

受访者	角色	参考点
Lucy	核心学术人员	2
Adam	学术辅助人员	3
Richard	责任教师	3
Alice	学术辅助人员	2

我是一名辅导教师，我判的作业和考卷都要接受外部评审员的检查，由他们来对比开放大学的评分标准以及考卷的难度是否与其他学校相同，同时监控和审查我们开发出的课程材料是否符合质量标准。因此我们的质量和其他高校相比，绝对没有问题。

英国开放大学——辅导教师 Michael

我们有大量的监督工作，作为责任教师，我就是个监督者，对辅导教师批改的每份作业都会采取随机抽查的方式进行监督，对新任辅导教师批改的每批作业都要抽查 3 份，对于有经验的辅导教师，每批作业至少要抽查 1 份，我会监督他们在判作业的过程中给分是否合理，评分标准是否符合开放大学的要求等。

英国开放大学——责任教师 Peter

因为我们设置了统一的学术质量标准，并且对辅导教师进行培训，要求他们在判作业的时候必须严格遵照统一的标准，同时对他们的工作进行监督，这样一种机制也能够让学生信服他取得的成绩和接受的评价是公平合理的，我想这对于远程教育的质量来讲特别重要。

英国开放大学——核心学术人员 Lucy

我们需要保证辅导教师和学生之间互动良好并且保持高的质量标准。其中最重要的是监督辅导教师给学生的打分情况。我们会检查每位辅导教师的打分情况。我们会召开工作协调委员会来确定统一的评分标准，同时我们还会复核辅导教师的打分结果，来确保每一个学生的成绩都被正确对待，保证公平性。我认为这在远程教育中是至关重要的。

英国开放大学——责任教师 Richard

我们会评估学生课程学习的过程，监控学生的反馈，检查外部评审员的报告。如果发现任何问题，辅导教师都会收到反馈。

我们也会对辅导教师做很多的监督工作，如他们的给分是不是合理、不同辅导教师的评判标准是否有较大的差异、他们批改作业的情况等。

英国开放大学——学术辅助人员 Adam

研究发现，与工作性质有关，对这一问题，责任教师与辅导教师这两个角色中有较多的受访者表达了自己的观点。开放大学由责任教师对辅导教师的工作进行监督，检查他们为学生提供的学习辅导、支持服务、评判作业和考卷评分的情况。这些工作一方面有助于保障课程和学习支持服务的质量，同时，也能够让开放大学的质量水准与普通高校保持一致。

（二）对学习过程的监督才能保障学习的有效发生

研究发现，中国在线教育专业人员强调需要对学习过程的关键数据和指标进行监控，进而掌握学生的学习情况。1 位网络学院的管理人员和 1 位国家开放大学的科研人员就学生过程监督的问题阐述了自己的观点。

要保障在线教育的质量，需要来设定一些标准。只要你对学习过程进行监控，对关键的学习数据比如说学生的在线学习时间、内容的客观评价进行监控，就能够发现学习过程有没有真的发生。这从现实意义上来讲是对在线教育的质量很有意义的东西。

如果学生的学习过程没有发生，以至于到最后只要去考试了就可以了，这样并不能真正保证在线教育的质量。

对外经贸大学网络学院——管理者蔡嘉伟

我认为管理因素在质量保障中的作用体现在两个方面：首先是要有标准，大家按标准走，这就是最基础的；第二就是管理，你得监控，确保及时反馈，否则就会导致出了事才知道，不出事不知道。现在这个反馈系统还需要加强建设。

所谓的反馈你必须得监控，监控才能反馈，国家开放大学现在管两项资源建设和考试，这是它的重头戏，这两方面管理得还行，过程提供网上服务，但是真正落实面对学生的是下面的人自己做。作业到底学生怎么做呢？老师到底怎么教？不知道。所以我们靠一般性的检查、抽查来监督。

国家开放大学——科研人员田晓燕

受访者认为，学习资源提供了学习的内容和材料，只有对学生的学习过程如在线学习时间、学习内容访问量、交互时间与频次等关键学习指标进行监控，才能够才能确保学习真正发生。

二、反馈环节能够改善教学质量

研究发现，在问及“您认为教学管理工作中有哪些关键要素？”这一问题时，英国开放大学17位受访者中有7位认为教学反馈工作对于教学管理工作非常重要，占受访者总数的41.2%，其中包括1位学术辅助人员、3位核心学术人员、1位责任教师和2位辅导教师。表6–8为访谈数据整理过程中持该观点的受访者角色以及受访者谈及此问题的参考点，楷体部分为受访者回答这一问题时的代表性观点，受访者认为，通过反馈可以改善课程质量、监督辅导教师。

表6–8 英国开放大学受访者对开放大学的反馈机制的观点分布表

受访者	角色	参考点
Jo	核心学术人员	1
Mary	辅导教师	2
Peter	责任教师	1
Lucy	核心学术人员	3
Alice	学术辅助人员	3
Michael	辅导教师	2
Mike	核心学术人员	1

我认为只有监督还不够，对课程组和辅导教师进行监督是一件事，但是获取信息后的反馈则是更为重要的事情，反馈可能让人感到特别的不舒服，因为是对某些事情说“不”的过程。

如果让我来总结关键要素的话，我认为很重要的一点就是要对教学过程进行监控，并对监控的结果进行反馈。监控发现的能反馈问题的信息很重要，不能就在那里放着。比如说辅导教师都觉得第三次作业有些问题，那么就需要反馈到课程组，进而对这项内容进行改进。

一定要回答对监控到的问题做了哪些改进，以及是如何解决反馈的这些问题的。

英国开放大学——辅导教师Mary

一定要听取学生的反馈，在远程教育中更是如此。反馈的价值在于将收集到的信息放入反馈、改进、评估的工作循环中，不断地改善教学工作。通过反馈，我们可以更好地改善课程质量，监督辅导教师的工作。

总体来说，我觉得反馈不仅是一个提高课程质量的重要环节，而且是一个将教学质量与未来课程开发相结合的有效手段。

英国开放大学——学术辅助人员 Alice

我的角色职责之一就是收集来自辅导教师和学生的反馈，并把这些反馈放到改进质量的过程中，这个过程循环往复，呈现螺旋形前进的趋势。

英国开放大学——核心学术人员 Jo

（一）适时的反馈能够深入了解学生的学习情况

研究表明，有 4 位英国开放大学的专业人员认为反馈是保障教学质量的重要手段，他们倾向于在学习过程中为学生提供适时的反馈，以便更好地了解学生的学习情况。

由于在线教育缺乏面对面的交流与指导，教师与学生经常处于时空分离的状态，教师往往长时间得不到学生学习进展的信息。适时的反馈能够打破这种障碍，让指导教师掌握学生的学习情况。

在某一阶段的学习结束后，我会给学生反馈，对他们的学习情况进行评价，如“我认为你做得非常好”“你觉得作业难吗？”“你不太清楚你最近的情况怎么样？”“你能跟上学习的进度吗？”等等。

其实这种对学生学习过程监控的方式与面授教学没有太大的区别。我会和学生讨论他们的学习情况，一起探讨如何进一步改进和提高。

英国开放大学——责任教师 Peter

我们需要倾听学生的反馈，在我负责的三门社会工作专业的课程中，从始至终我都会在论坛上注意学生的反映，学生毕业后我们还会对毕业生进行追踪，每个课程我们访谈两个同学，将访谈录制为播客音频放到课程网站上，这样后续选课的同学就会听到之前同学对课程的评价，第三年我们同样也会这么做，追踪学生对课程的评价。

英国开放大学——核心学术人员 Jo

（二）学生反馈是改进课程质量的有效措施

研究表明，有 4 位英国开放大学的专业人员认为课程质量的改进与完善需要听取来自学生和辅导教师的反馈。包括 3 位核心学术人员和 1 位学术辅助人员，由于核心学术人员大多从事课程开发工作，所以他们对于反馈与课程质量的关系尤为关注。

辅导教师对于保障课程质量是非常关键的角色，因为各种报告到达高层以后很多问题就被淡化了。如果一组学生都反映第二个课程作业有问题，那么辅导教师需要尽早地反馈和处理，不要拖到很久以后。

辅导教师有责任确保自己管理的课程符合正确的质量标准，并且能够经得起时间的检验。

英国开放大学——学术辅助人员 Alice

要保障课程质量，我们需要快速的反馈。如果在课程的生产过程中，外部的专业机构说某个地方有问题，现在不能发布，那么就应该第一时间反馈课程开发团队，而不是等到六个月以后。所以我们需要一个快速的反馈系统。

英国开放大学——核心学术人员 Mike

作为课程组的成员之一，我参与课程的撰写，并作为教学平台中课程论坛的主持人，负责收集来自学生的反馈，我了解学生对课程的每一个质疑和建议，并把这些意见反馈到课程的修订中，这样，后面的学生就不会再遇到前面已经出现的问题，我们课程的质量也可以得到不断的改进。

英国开放大学——核心学术人员 Lucy

我认为对辅导教师的工作进行监控和从学生那里得到反馈对于质量来讲最为关键。

课程结束后我们通过调查来了解学生的反馈，包括媒体的使用情况、辅导教师的支持情况以及课程材料的其他方面。

我们每年或每隔几年选择已经毕业的学生的样本，从学生那里得到反馈，了解我们的课程哪些方面对他们的工作实践有帮助，哪些地方需要进一步改进。然后把他们的需要反映到未来的课程中，我想这是完美的课程质量支持方式。

英国开放大学——核心学术人员 Jo

英国开放大学的受访者认为要不断改进课程质量，课程开发团队需要重视来自一线的反馈，它们能够为未来的课程开发提供有价值的信息，同时帮助辅导教师分析教学工作中存在的问题，总结经验和教训，不断改进工作。反馈的渠道主要来自辅导教师和学生，他们是教学活动的实施者和对象，所以倾听他们的声音对于质量提高效果最为显著。

（三）英国开放大学的学生反馈调查

为了保障教学质量，英国开放大学开展了多种学生反馈活动，主要包括过往学习经历调查、学生学习体验调查和职业生涯调查三个方面的内容。

过往学习经历调查一般在学生开始学习的前几周进行，该调查帮助课程团队了解学生到开放大学学习的动机，学生期望的学习安排以及学生是否有其他需要课程团队协助的问题。

如果学生接受过开放大学提供的职业发展相关的服务，如职业咨询、职业指导、职业生涯规划等，会收到参加相关调查的邀请，在调查中会对学生所接受服务的效果进行访谈。

学生学习体验调查是收集学生反馈的主要方式，该调查由学生统计与调查团队、教育技术研究所和辅导教师服务团队代表开放大学实施，主要目的是获取学生对辅导教师和课程学习过程的反馈。成功完成课程的每位学生都会收到调查邀请，调查主要采用网络问卷的方式，在课程结束前的 2~3 周发放。

学生学习体验调查主要由教学、评价与学习情况的反馈，对辅导教师的反馈和对课程总体情况的反馈三个方面，共由 23 个问题组成。

在调查问卷的设计上，教学、评价与学习情况方面主要包括课程材料呈现方式与学生保持学习兴趣的关系，课程学习的负担，课程的设计与结构对同伴交流的影响，图书馆资源对学习的帮助，学生对作业与学习评价情况的反馈等内容。辅导教师反馈方面主要包括辅导教师与学生的联系程度，辅导教师的支持服务效果，辅导教师对学生的鼓励情况，辅导教师对学生作业反馈的有效性，辅导教师对学生职业与工作相关技能方面的支持等。学生对课程总体情况的反馈主要包括课程学习过程中学生对学习支持服务的满意度，学生对课程质量的评价，学生对选课及课程推荐方面的看法以及学生自信心的建立等内容。①

① OU Surveys [EB/OL]. http://www. open. ac. uk/student-surveys/ou-surveys. [2018-09-23].

第四节　学习结果评价与教学质量

研究发现，在对中国在线教育专业人员的访谈中，当问及“您认为哪些是保障课程质量的关键要素？”这一问题时，有 12 位受访者认为学习结果评价是质量保障的关键要素，占受访者总人数的 37.5%，包括 4 位管理者、2 位主持教师、1 位教学辅助人员、2 位主讲教师、1 位科研人员、1 位责任教师和 1 位班主任。图 6–2 为访谈数据整理过程中持该观点的受访者角色以及受访者谈及此问题的参考点，表 6–9 为访谈数据整理过程中持该观点的受访者角色以及受访者谈及该问题的参考点。

图 6–2　学生评价与教学质量编码分布图

表 6–9　我国在线教育受访者对学生评价与教学质量的观点分布表

受访者	角色	参考点
罗小维	管理者	3
刘玉	管理者	4
田晓燕	科研人员	4
陈应海	主讲教师	2
连文杰	管理者	3
彭富杰	主持教师	2
孙幕	管理者	2

续表

受访者	角色	参考点
田洪	班主任	3
欧阳晶	主持教师	3
唐翕	责任教师	2
纪薇	主讲教师	3
黄丽君	教学辅助人员	1

英国开放大学的受访者认为，对学生学习结果的评价能够监控学生的学习状况，通过形成性评价和终结性评价能够有效评判学生是否达到了特定课程的要求，对学生学习过程的管理是教学质量管理的重要组成部分。

我认为评价学习过程是保障质量的重要因素，它是一门建构良好的课程的无缝延续。它同时也是自我反思的一种形式，良好的评价是学习的重要组成部分。它不仅是对学习者对与错的简单反馈，还帮助学习者反思在学习过程中哪些理解是有效的，哪些理解是无效的。目前评价的作用可能被低估了，但是它绝对是非常关键的。

英国开放大学——责任教师 Richard

我认为对于质量来讲一个非常关键的问题就是我们可能缺乏频繁的形成性评价，或者缺少辅导教师对学习活动频繁的监控。如果一个学习活动与评价无关，或者不打分，那么很多学生就不会去做。我认为学生是被分数驱动着去完成活动的，很不幸在其他大学也是如此。英国有句谚语说“你可以把马拉到河边，但是不能强迫它喝水”。

英国开放大学——辅导教师 Michael

我认为评价是质量保障的关键，对课程材料的评价，对学生学习体验的评价，对支持服务的评价，对于质量都是至关重要的。我们通过形成性评价和终结性评价来评判学生是否达到了特定课程的要求。

英国开放大学——学术辅助人员 Melare

在开放大学很多质量保障措施都是贴近教学的，我们检查学生的学习体验，检查我们的教学对他们是否合适。我们的质量保障不仅在最后的阶段，而是贯穿在整个教学过程中，所以对学生的学习过程进行质量管理就非常重要。

英国开放大学——核心学术人员 Lucy

一、形成性评价

在研究者进一步访谈"您认为学生评价中哪些因素最为重要？"的问题中，14位中国受访者认为学生评价是在线教育质量保障关键要素的中国受访者中，有4位认为形成性评价很重要，包括1位管理者、1位主持教师、1位责任教师和1位班主任。表6–10为访谈数据整理过程中持该观点的受访者角色以及受访者谈及此问题的参考点，楷体部分为受访者回答这一问题时的代表性观点。

表6–10 我国在线教育受访者对形成性评价的观点分布表

访谈者	角色	参考点
孙幕	管理者	2
田洪	班主任	1
欧阳晶	主持教师	1
唐翕	责任教师	2

形成性评价可以监控学生的学习过程，我的学生出勤率比较高，可能因为我上课的时候要求他们做一部分上机操作，并记成绩，这个成绩归入平时的形成性评价。

学生要是不来操作，这部分分数就没有了，只有纸制作业的成绩，而且要在纸制作业成绩上体现平时上课的表现，学得好坏，他认真程度，包括记笔记等等。比如一个学生的卷面成绩是90分，但是他平时表现不是很好，我就会减去一些分，作为他这次作业的最终成绩。

北京开放大学——主持教师欧阳晶

形成性评价本身是好的，如果能规范地严格执行，阶段性的目标一步步都实现的话，学生最后的总目标肯定是能达到。但是作为开放性教育来讲，很难操作，学校管理的人力、物力成本都很高。所以目前的形成性评价大多还是流于形式。

北京开放大学朝阳分校——责任教师唐翕

我们一直在强调形成性评价这对于质量确实很重要，但是操作性不太强。普通高校的学生还好管理，对于在线教育的学生太不好操作和管理了。网上作业怎么知道是学生自己做的还是别人代做的？很难去检查。

北京开放大学海淀分校——管理者孙幕

形成性评价很重要，我们有一个形成性考核册，按照课程进度，来设立四次大作业。在每一个阶段把作业做好，对学生有促进作用。同时，还有一个网上的形成性评价，每一阶段学生要提交作业，网上就有整个过程的记录。

国家开放大学——管理者刘玉

研究发现，受访者认为，形成性评价有助于监督学生的学习过程，检查学生的阶段性学习成果，促使学生将理论与工作实践相结合，取得了较好的教学效果。但是受访者同样表达了形成性评价带来的管理难题以及对学生作弊现象的担心，如果形成性评价监控不严的话，容易流于形式。

二、终结性评价

在研究者进一步访谈“您认为学生评价中哪些因素最为重要？”的问题中，14 位认为学生评价是在线教育质量保障关键要素的受访者中，有 5 位认为终结性评价很重要，包括 2 位管理者、1 位责任教师、1 位科研人员和 1 位主讲教师。表 6–11 为访谈数据整理过程中持该观点的受访者角色以及受访者谈及此问题的参考点，楷体部分为受访者回答这一问题时的代表性观点。

表 6–11 我国在线教育受访者对终结性评价的观点分布表

受访者	角色	参考点	覆盖率
纪薇	主讲教师	1	1.07%
唐翕	责任教师	1	1.28%
田晓燕	科研人员	1	0.94%
赖晓红	管理者	1	1.43%
陈新宇	管理者	1	1.67%

考试一定要严肃，不然的话，生源就毁了。从平时的教务管理到考试管理、考试制度、考试的规范性，开放教育从头到尾都要让学生明白，不是来了就可以很容易混证，一定要好好学习，达到一定的程度，才能毕业。

北京开放大学朝阳分校——责任教师唐翕

在考核的时候有的学生反映，有的大学考试时老师就出 10 道题，让学生都掌握后再挑 5 道考试，我说我们是题库抽题，要考就实实在在考，含金量高就高在这了。

北京大学网络学院——主讲教师纪薇

我们的考试标准实际上是跟试卷是同时出的，有些学校的及格率是按每年考试的情况设定及格的分数线。我们的试题是从题库中随机抽的，老师都不知道用哪一年的题库，哪年的卷子，哪年的标准，但是这样得出的分数线是绝对的、公正的，不按考试的情况来调整。

国家开放大学——科研人员田晓燕

研究表明，受访者认为严格的考试管理和统一的评分标准是保障在线教育质量的有效手段。严肃考风考纪有助于增强在线教育考试的严肃性，树立在线教育的社会形象，采取题库抽题方式和统一评分标准有利于防止作弊，保证考试的真实性和公平性。

三、论文与毕业设计

在研究者进一步访谈“您认为学生评价中哪些因素最为重要？”的问题中，14 位中国受访者中有 4 位认为论文与毕业设计很重要，包括 2 位主持教师、1 位责任教师和 1 位主讲教师。由于主持教师直接负责学生的论文和毕业设计工作，因而他们更为了解此项工作的重要性。表 6–12 为访谈数据整理过程中持该观点的受访者角色以及受访者谈及此问题的参考点，楷体部分为受访者回答这一问题时的代表性观点。

表 6–12　受访者对论文和毕业设计的观点分布表

访谈者	角色	参考点
欧阳晶	主持教师	1
唐翕	责任教师	1
陈应海	主讲教师	1
彭富杰	主持教师	1

对于教学质量比较重要的还有毕业设计。因为计算机专业出来不能不会操作，所以实践教学我们设了两个环节，课程设计和毕业设计。

比如要设计出来一个管理系统，前台和后台。数据库属于后台，在课程设计时，要求学生把系统的数据库从理论到压图，再到设计的表等设计好，来完成课程设计。到毕业设计时，再把前台的东西补充丰富，并和后台连接，这样就是一个完整的实践过程。

北京开放大学——主持教师欧阳晶

学生提交论文后，由别的指导老师审核。首先看大概内容，一般选题方向不会出问题，然后再看结构，以及其他的一些硬性要求，字数、格式是否规范，摘要、参考文献是否完整，目录排版如何等，每一项都要符合要求。

然后还有一个最重要的工作，就是责任教师要审核论文的重复率，这实际上是我们学校把的又一道关。之后还要请北京开放大学的老师复查，这是第三道关。另外国家开放大学会对那些要学位的、本科的重点把关，这些环节都是比较严格的。

北京开放大学朝阳分校——责任教师唐翕

我们每学期都在抓实践环节，因为这对于学生来说是非常重要的，我们的目标是培养实践应用型的人才，而不是理论研究人员。学生要根据实际工作做课程设计。

比如管理库房的学生，他的课程设计就是做仓库管理，出入库等。在地铁部门工作的学生，就可以做地铁车辆管理、人员管理等。

北京邮电大学网络学院——主讲教师陈应海

研究发现，受访者认为对学生毕业论文和毕业设计的严格要求对于保障在线教育质量非常重要。由于在线教育的培养目标是应用型人才，因此在毕业设计方面特别注重联系学生的实际工作，做到学科性和实践性的统一。在毕业论文方面，坚持从严要求，强调学术规范，防止作弊现象的发生。

第五节　内部质量评价与外部质量认证

一、内部质量评价对在线教育质量的影响

研究发现，在问及“您认为管理工作中哪些因素对课程质量有重要影响？”这一问题时，英国开放大学的 17 位受访者中有 6 位认为内部质量评价对于教学管理工作非常重要，占总人数的 35.3%，其中包括 1 位学术辅助人员、2 位核心学术人员、2 位责任教师和 1 位辅导教师。表 6–13 为访谈数据整理过程中持该观点的受访者角色以及受访者谈及此问题的参考点，楷体部分为受访者回答这一问题时的代表性观点。受访者在课程评价、学习支持服务评价、辅导教师评价等方面表达了自己的看法。

表 6–13　英国开放大学受访者对内部质量评价的观点分布表

访谈者	角色	参考点
Lucy	核心学术人员	4
Richard	责任教师	1
Adam	学术辅助人员	11
Jo	核心学术人员	1
Bob	责任教师	4
Michael	辅导教师	1

我们每年都要对课程的质量进行调查和评估，包括课程的设计是否合理，媒体的使用是否合适，辅导教师的支持和反馈是否到位等，每个课程组都会收到来自学生、辅导教师和外部审查员的反馈，包括学生对课程的满意度、学生的保持率、学生的学习结果等方面。课程组会召开专门的会议对课程在教学中存在的问题进行讨论，商量解决的办法，并撰写年度课程评估报告上报给校学术委员会。

英国开放大学——核心学术人员 Jo

开放大学每年都会开展一系列的评价工作，包括学生学习过程评价、学习支持服务评价、定期课程评价、学科专业评价等，通过这些评价来对教学活动进行监控，从而保障教学质量。

我们在学习支持服务工作中也有内部评价，例如我们通过服务行业的一个“矩阵认证”标准，保证我们提供的服务在信息咨询、指导、沟通等方面都符合服务业的质量认证标准。

英国开放大学——学术辅助人员 Adam

当一门课程首次结课后，我们总是会对课程进行评估。试图找出课程中存在的问题，是否有需要改进和完善的地方。总体而言，我们有非常完备的评估系统和评价措施。

英国开放大学——核心学术人员 Lucy

研究发现，35.3% 的英国开放大学受访者认为评价是教学管理工作的重要内容，对于保障教学质量非常重要。英国开放大学的内部评价根据对象和内容可分为年度课程评价、课程生命周期评价、定期的专业评价，学习支持服务评价等方面。从结果上看，内部评价侧重于质量的提高。评价的主要目的在于发现问题，检验效果，为进一步改进工作提供反馈。有部分中国受访者也谈到了内部评价对质量管理的重要作用。

二、外部质量认证对在线教育质量的影响

研究发现，在问及“您认为管理工作中哪些因素对质量有重要影响？”这一问题时，英国开放大学的 17 位受访者中有 5 位受访者认为外部质量认证对于质量管理工作非常重要，占总人数的 29.4%，其中包括 2 位学术辅助人员、1 位核心学术人员、1 位责任教师和 1 位辅导教师。表 16–4 为访谈数据整理过程中持该观点的受访者角色以及受访者谈及该问题的参考点，楷体部分为受访者回答这一问题时的代表性观点。受访者主要从外部机构的认证和外部评审员机制等方面表达了自己的看法。在对中国专业人员的访谈过程中，受访者主要从 ISO90000 质量管理体系在在线教育领域的实施角度表达了外部质量认证对内部质量管理的促进作用。

表 6–14 英国开放大学受访者对外部质量认证的观点分布表

受访者	角色	参考点
Adam	学术辅助人员	3
Gayor	学术辅助人员	2

续表

受访者	角色	参考点
Michael	辅导教师	2
Jo	核心学术人员	3
Bob	责任教师	3

我们有评审的流程，聘用外部学术人员在课程呈现之前的开发阶段审查课程材料，确保其符合质量标准。我们有一整套叫作“阶段门”的机制，在课程开发的第一到第三阶段进行院校内部审查，以保障开发的课程符合特定的资格框架和学科质量标准。

此外，我们还有很多院系通过了外部质量认证，这些认证来自公共组织、立法机构、管理部门，我们的质量标准符合他们的规定和要求，特别是护理、健康科学、社会工作等类似专业。

英国开放大学——学术辅助人员 Adam

在学习支持服务方面，我们有内部评估的流程，针对咨询、信息和指导服务，并且通过了外部专业机构的“矩阵认证”。

有的时候我们从内部看不到自己的问题，但我们很擅于请外部人员评价我们的课程。听取外部人员对我们所从事的工作的意见，从外部人员的视角保证我们不自满，这一点非常重要。我们有年度课程评估，会请一些校外人员，评价学生的保持率，以及“阶段门”中要求的监测点等。

英国开放大学——学术辅助人员 Gayor

在不同的领域我们都会接受外部机构的审查，比如护理专业和社会工作专业，每隔几年外部的审查人员就会对我们的课程进行评估，判断我们是否符合专业组织的行业标准和要求。

英国开放大学——核心学术人员 Jo

我们有来自其他学校的外部评审员，他们会对我们的课程做出批判性评价，以保障我们和英国其他普通大学保持同样的质量标准。此外还有英国质量保障署的标准，我们也要定期地接受他们的评估。

因此我们和外部世界的质量标准同步得非常好。我们会非常严肃地对待外部评审员的批评，并且回到正确的轨道上来。总体而言，外部评审员对他们在我们学校所看到的内容印象非常深刻。

英国开放大学——责任教师 Bob

对于质量保障，我们邀请了很多外部人员进行监控。在课程开发的过程中，有外部评审员参与课程质量的评价。在学生作业的评判过程中，有外部监督人员来监控辅导教师为学生作业的打分情况。

如果一个辅导教师评判作业的标准有问题，那么会有相应的纠正措施。这些都是质量控制的措施，绝大多数普通高校仅有一位老师对学生的作业打分，也没有真正的监督和检查，考试基本上也如此。而在开放大学，会有外部人员批阅试卷和给学生评分。

英国开放大学——辅导教师 Michael

我们非常善于聘用外部人员来对课程和教学进行评价和审核，如聘请外部审查员对课程进行外部评价、学科专业评估等，另外还有 QAA 的定期审查，这对于保障我们的课程质量非常重要。他们的评价能够让我们看清自己的问题以及与其他学校的差距。对于每门课程，我们都会聘请一名外部评审员，由他来负责评价开放大学的课程与其他高校是否处于同一质量标准。另外，每个专业还会有一名来自外校的专业顾问，负责保证开放大学开设的专业与普通高校的一致性。在教材编写的过程中我们还会请辅导教师做课程评审专家，对课程材料的内容提出批评。这些都非常重要，能够保证开放大学与普通高校保持在同一质量水平上，确保我们不会原地踏步，沾沾自喜。

英国开放大学——学术辅助人员 Adam

在内部质量评价方面，英国开放大学开展了大量的评价工作，内部评价根据对象和内容可分为年度课程评价、课程生命周期评价、定期的专业评价，学习支持服务评价等。评价的主要目的在于发现问题，检验工作效果，为进一步改进工作提供反馈。英国的受访者认为外部评价同样对内部的质量管理有促进作用，如英国高等教育质量保障署的审核、外部评审员监督、专业顾问建议、课程材料的评审专家评判、ISO90000 质量管理体系外部质量监控等，都有效地提高了内部质量管理的水平。

我国在线教育专家陈丽提出，完整的在线教育质量保障指导方针包括五方面的内容，其中一个重要的方面就是对学习者的评价。[①] 此外，英联邦学习共同体在《远程教育质量保障》一书中，也将学生评价作为在线教育质量保障的一个重要方面，[②] 为学生评价这一关键要素提供了文献支持。

① 陈丽. 远程教育学基础[M]. 北京：高等教育出版社，2004: 163.

② 丹尼斯. 克伯蒂克. 远程教育质量保证[M]. 侯建军，译，郭文革，审校. 北京：中央广播电视大学出版社，2008: 48.

第七章

不可或缺——在线教育教师仍然关键

第一节　在线教育中教师对质量的影响

研究发现，在问及“您认为哪些是保障在线教育质量的关键要素？”这一问题时，中英两国受访者的回答高度一致，17 位英国受访者中有 12 位认为教师是质量保障的关键要素，占受访者总人数的 70.6%。在 32 位中国受访者中，有 24 名受访者认为在线教育教师是质量保障的关键要素，占受访者总人数的 75%。表 7–1 为访谈数据整理过程中英国受访者对在线教育教师作用的观点编码分布表，表 7–2 为中国在线教育从业人员对在线教育作用的观点编码分布表，楷体部分为受访者回答这一问题时的代表性观点。

表 7–1　英国开放大学受访者对教师作用的观点分布表

受访人员	角色	参考点
Anne	核心学术人员	1
Darles	核心学术人员	1
Jo	核心学术人员	1
Bob	责任教师	3
Melare	学术辅助人员	1
Alice	学术辅助人员	2
Mary	辅导教师	1
Mike	核心学术人员	2
Tom	学术辅助人员	1
Richard	责任教师	2
Mark	核心学术人员	1
Peter	责任教师	2

表 7-2　我国在线教育从业人员对在线教育教师作用的观点分布表

受访人员	角色	参考点
蔡嘉伟	管理者	1
陈静	管理者	2
陈新宇	管理者	1
陈应海	主讲教师	2
黄丽君	教学辅助人员	1
何开惠	主讲教师	1
董鑫	管理者	3
李婷	班主任	1
黄雁	教学辅助人员	2
纪薇	主讲教师	2
赖晓红	管理者	1
雷晖	主讲教师	1
李跃旗	教学辅助人员	1
田晓燕	科研人员	2
汪东红	主持教师	1
宋利川	班主任	2
罗小维	管理者	2
欧阳晶	主持教师	2
彭富杰	主持教师	1
彭小敏	管理者	1
皮蓉	面授辅导教师	1
汪悦菡	班主任	3
孙幕	管理者	1
唐翕	责任教师	2
田洪	班主任	3

对于在线教育的质量，最重要的不是现代的技术，而是优秀的教师和员工，是能够开发高质量课程和掌握运用技术的人。他们懂得如何与学生沟通，如何判作业和辅导学生，正是由于他们的努力，开放大学的质量才会这么高。

英国开放大学——辅导教师 Mary

确保在线教育质量的另一个重要因素是辅导教师，辅导教师如何与学生建立联系、回应学生的需求以及和学生进行互动是非常非常重要的。

作为一名辅导教师，你可以激励你的学生。即使你从来没有见过他们，没有和他们说过话，只是纯粹的邮件往来，你可以通过给他们作业的评语和反馈激励他们，因此辅导教师扮演了一个很关键的角色。

英国开放大学——责任教师 Bob

国内的在线教育的师资大部分是外聘的，不是自己培养的，所以最重要的是要选拔好师资，这对教学质量至关重要。

华东师范大学网络学院——主讲教师何开惠

教师水准是影响质量的很重要的因素。包括在课程开发中，教师和他的团队也是一个关键因素。对于开放大学来说，从主讲教师、主持教师、责任教师到面授辅导教师几个类别的教师对教学质量都有影响。主讲教师跟面授辅导教师的作用更直接一点。因为面授辅导教师直接面向学生，主讲教师是课程内容的提供者。课程辅导教师能够给学生提供学术的、知识的辅导和帮助，另外班主任也很重要，但更多是情感的、心理方面的支持。

北京开放大学——管理者罗小维

在线教育的发展，最关键的是人。没有专业的师资队伍，从业人员再努力，也只能在外围做一些工作，就像理发店，打扫卫生的再好，发型师不会理发，能有什么用？我觉得师资真的很关键。

北京大学医学部网络学院——管理者董鑫

在线教育质量的关键要素就是教师。在线教育教师的教学方法，比普通高校要难。普通高校是面授，教案讲一辈子都可以不变。但是在线教育不行，学生有可能是某所学校的老师，自己就会教课，如果照本宣科，那些学生肯定不接受，必须想办法吸引他。

如果这些学生都是律师，给他们讲法律，老师的水平必须高于他们，否则这个课就开不成，没人听。所以在线教育对教师的要求特别高。

国家开放大学——科研人员田晓燕

研究表明，无论是英国开放大学还是中国开放大学及网络学院，大部分受访者都认为，在线教育是一种特殊的教育形态，有较强的专业性和自身的独特性，尽管采用在线教学的方式，学生和教师客观上是时空分离的，但是教师仍然是不可或缺的角色，发挥着重要的作用。从教师的角色来看，受访者认为主持教师、主讲教师、课程辅导教师和班主任四类教师的作用尤为突出。

第二节 专业的在线教育教师队伍是教育质量的重要保障

研究发现，在问及“为什么在线教育的教师是保障质量的关键要素？”这一问题时，中英两国受访者给出了颇为有趣且耐人寻味的回答。英国开放大学的专业人员大多从正面回答了为什么需要专业的教师队伍，而中国开放大学和网络教育学院的专业人员从目前缺乏专业的教师队伍所带来的问题的视角阐述了专业教师队伍建设的迫切性和必要性。

英国开放大学首任副校长沃特·佩里 1977 年就提出英国开放大学必须要建立一支专业的教师队伍，阐述了全职教师对教育质量的重要性，为专职教师作为在线教育质量保障的关键要素提供了很好的佐证。笔者认为，我国在线教育同样需要建立一支全职的专业化队伍。

> 我们所有的课程开发人员都是全职人员，这一点在我看来至关重要。世界上许多远程教育机构在开发多媒体教材的过程中是都采用外聘优秀的、高技能的外部人员的方式，但是效果并不好。我认为一个很重要的原因就是外部人员和全职的内部人员不同，外部人员对一份临时雇用的工作缺乏忠诚，只是把他们看作一份额外的工作罢了。他们可能干得很好，但是不会过多地关心课程材料的最终使用者——学生——的学习效果到底如何。而且让这些大多数来自普通高校的外部人员根据远程教育的特点在成人教育和教育技术的理念指导下对课程进行不断地修改、加工、完善和修订也不是件容易的事情。我确信开放大学雇用自己的全职的员工来从事课程设计与开发工作是对的。我们自己的员工全身心地投入远程教育中，因为他们是全职人员，开放大学发展的好坏与他们自己的利益和命运休戚相关。[①]

从英国开放大学的年度报告中得知，截至 2017 年，该校的全职专职人员人数为 4 572 人，包括核心学术人员 1 090 人，学术相关人员 1 912 人，外围辅助人员 1 570 人，此外还有兼职辅导教师 4 682 人，专职人员的比例占 49.4%（见表 7-3）。[②]

---

① Walter Perry. *The Open University——History and Evaluation of a Dynamic Innovation in Higher Education* [M]. Milton Keynes: The Open University Press, 1977: 92.

② *Open University Facts and Figures 2016/17* [R]. Milton Keynes: The Open University, 2017: 1-4

表 7–3　英国开放大学近年来专兼职教师情况统计表[①]

	2010	2011	2012	2013	2014	2015	2016	2017
核心学术人员	1 218	1 129	1 116	1 148	1 148	1 116	1 062	1 090
学术相关人员	1 887	1 845	1 835	1 844	1 844	1 873	1 796	1 912
外围辅助人员	1 852	1 748	1 732	1 742	1 742	1 718	1 535	1 570
辅导教师（兼职）	7 413	6 989	6 397	5 921	5 921	5 604	4 982	4 682
专职人员总数	4 957	4 722	4 683	4 734	4 734	4 707	4 393	4 572
教职员工总数	12 370	11 711	11 080	10 655	10 655	10 311	9 375	9 254

研究发现，相对于英国开放大学，中国在线教育专职人员的数量很少，负责课程开发工作的主讲教师基本上来自普通高校的兼职教师，他们承担了绝大部分的课程录制与开发工作。研究发现，中国在线教育专业人员在访谈中反复强调全职的教师队伍建设的重要性，他们更多地从中国在线教育教师队伍建设存在的问题的视角进行了阐述。

开放大学应该培养自己的专家、学者，应该有自己的学科教师，这是开放大学最困惑的问题。

在中央电视广播大学，我们的教师主要是作为主持教师，即原来的辅导教师，协助主编讲课，没有形成自己的在线教育领域的学科专家学者队伍。即使做研究，也是在线教育方面的研究而不是真正的学科研究。

国家开放大学——科研人员田晓燕

我们应该研究在线教育的教师应该具备什么样的能力和素质，才能跟普通高等教育的教师区别开来。这是一个涉及教师专业发展的问题，根源在教师队伍的建设。

其实在线教育的老师任务很重，不仅要做学科专家，还要做在线教育

---

① Annual Reports and Financial Statement. [EB/OL]. http://www. open. ac. uk/about/main/strategy-and-policies/annual-reports. [2018-08-20].

专家。比普通高校教师多了一个目标，素质要求更高，而且还没有任何激励机制。

国家开放大学——主持教师宋涛

我们课程开发的时间一般会限制为半年，但也免不了有老师在拖，因为他们都是兼职为网络学院工作，很忙，或者突然病了。普通的在校老师有科研量的考核，还有教学量考核，是一个统一的量的考核。但是网络学院的工作不占这些量，所以对他来说不是关键事情，很难管理。

北京交通大学网络学院——教学辅助人员黄丽君

国家开放大学有一类教师叫主持教师，主要是负责教学的组织工作，而文字教材一般是聘请高校教师来担任主编。主持教师参与整个的教学资源的建设、组织工作，相当于英国开放大学的Course Manager，但这些年主持教师参与了一些教材的编写，实施在线教育以后，还要兼顾网上的辅导。另外，国家开放大学的主持教师还承担了对主讲教师的管理和培训的职责。

国家开放大学——管理者刘玉

我们聘请的高校老师是做学术的，对于在线教育的理念，比如职业导向，应用型人才培养等等不感兴趣，也很难做很大的投入调整。

主持教师要准备好要求或者模板，然后请外聘的主讲老师直接填内容。我们曾聘请过一个很不错的北大的老师，愿意按照在线教育的特点调整内容，但是还是有差距，学生群体等都不一样，所以思路和风格也不一样。

北京开放大学——主持教师彭富杰

网络学院没有自己的专职老师，外聘老师的流失，也是一个成本。另外像医学学科，老师的教学技能可能没有师范老师那么高，教学方法或者教学策略可能没有那么丰富，基本上都是师父带徒弟的模式。那么采用在线教育这样一种更为新颖的这种教学方式，怎么去设计任务？怎么吸引学生去参与，评价？这个老师，不仅自己要感兴趣、肯投入。还得有时间，并且能坚持下来。如果这种优秀的师资留下来，对课程的持续发展肯定是有帮助的，但是我们其实很被动，老师可能是断档的。

我们只能想办法创造条件让兼职的老师在这个过程中也有成长，比如发表文章，做项目。别的我们也做不到更多，没有行政权力去约束他们，这是我们发展的一个瓶颈。

北京大学医学部网络学院——管理者董鑫

北京邮电大学网络学院的教学质量和其他网院质量相比不会差。为什么？因为我们有专职的教师，从制订教学计划到任课，整个的教学流程都是我们自有的，专属的教师。

我们网络学院的老师都是专职，这是大部分网络学院不具备的。而且我们有一个专业的从事在线教育的机构，对于组织管理等一整套流程都比较有经验。

北京邮电大学网络学院——主讲教师陈应海

有意思的是，在对我国在线教育专业人员的访谈中，他们更多地对聘请兼职人员作为主讲教师对在线教育质量带来的问题做了解释和回应。目前我国在线教育专业人员的队伍建设存在缺乏在线教育学科专家、专业人员定位不清、兼职教师队伍不稳定、兼职教师协调困难和专业人员匮乏等问题。

第三节 在线教育事业带给教师的职业认同感至关重要

一、英国开放大学的理念是吸引专业人员为之工作的重要原因

围绕“为什么在开放大学工作？”这一问题，有8位受访者认为在英国开放大学工作的主要原因是认同并追随开放大学的理念，其中包括3位学术辅助人员、1位辅导教师、2位核心学术人员和2位责任教师，他们全部是开放大学的全职人员，占受访对象中全职人员总数的47.1%。表7–4为访谈数据整理过程中持该观点的受访者角色以及受访者谈及此问题的参考点，楷体部分为受访者回答这一问题时的代表性观点。

表7–4 受访者在开放大学工作理由的观点分布表

受谈者	角色	参考点
Mark	核心学术人员	3
Lucy	核心学术人员	2
Mary	辅导教师	1
Adam	学术辅助人员	3
Bob	责任教师	3
Melare	学术辅助人员	2
Peter	责任教师	1
Tom	学术辅助人员	1

我在开放大学工作的主要原因是能在这里感到自己的价值，我在远程教育领域正在做一件非常有益的工作。我是在一个偶然的机会来开放大学工作的，那时它只有十多年的历史，是一所非常新的大学。

远程教育在当时是一件新鲜事物，我们要探索如何能够让人们通过远程的方式进行学习。这项工作本身也在不断地变化和发展。在过去的32年里，这种变化从未停止过。对我来说，现在去传统大学和学生沟通学习已经有点困难了。

英国开放大学——核心学术人员Mark

我对开放大学给我爱人 Trevor 带来的彻底转变印象深刻。开放大学为他提供了改变人生的机会，这是一件很奇妙的事情。而我的工作是为其他人带来这种机会，这对我很重要。

我在这里工作并不是因为远程教育，对我来说更看重的是开放入学。开放大学帮助以往认为自己做不到的人实现了大学梦。

英国开放大学——核心学术人员 Lucy

吸引我来开放大学工作的最重要的原因不是它的教学方式，而是这所大学的使命。正如它所写的，对任何人开放，向过去由于各种原因没有机会接受高等教育的人提供机会，我想这是比远程方式更吸引我来这里工作的原因。

对我来说，这不仅是一份工作，你会发现很多老师也会在不同的方面对学校有所抱怨，但是他们对从事开放大学的这份工作非常忠诚，之所以在开放大学工作就是因为我把这份工作当成自己的事业。我想它远甚于一份挣钱的工作，我来这里由于我满意我的工作内容，以及我们作为一所大学所做到的。

英国开放大学——学术辅助人员 Adam

我很喜欢自己的工作。我来开放大学的部分原因是我认为它在做一件伟大的事，为从未接受过高等教育的人提供机会。我个人的背景并不好，出身于一个非常贫苦的家庭，我是家里唯一的大学生。

我认识很多包括我父亲在内的非常聪明也非常有能力的人，但是他们没有机会上大学。我认为应该给这些人一个机会，尽管他们已经不再年轻。为什么一个人 18、19 岁没有机会接受高等教育就意味着永远失去机会了呢？这是不公平的，我们应该给这些人机会。我想这项事业有益于社会，我一直非常憧憬着能进入开放大学工作，当机会真的来临时，我觉得能在这里工作真是一件很美好的事情。

英国开放大学——责任教师 Peter

我来开放大学工作的原因是之前我一直在传统高校工作，而传统大学仅仅为在校学生提供服务。远程教育对我来说则是拓展了领域，它可以比传统高校服务更加广泛的人群。对很多发展中国家更是如此，它是一条可以尝试的道路。

我的同事为开放大学工作的重要原因是因为他们相信这是一所大学。他们在开放大学投入更多的努力并不是因为钱。在我看来，开放大学的教师工作非常努力，他们为学生提供支持服务，辅导教师评判学生的作业并提供辅导。开放大学需要高素质的教师，他们认同开放大学的理念，知道自己在做什么并且愿意这样做，这才是至关重要的。所以优秀的教师在远程教育中非常非常重要。无论是课程、教学以及嵌入其中的技术，最重要的并不是课程、教学和技术本身的质量，而是开发、设计和使用这些的人。

英国开放大学——辅导教师 Mary

我是课程管理人员，在开放大学工作之外我是一个音乐家和演员，我觉得在开放大学工作是我人生中非常有趣的经历。我喜欢在开放大学这样的一所大学工作，因为它有自己的目标和理念，这也是我为什么在这里工作这么长时间的一个原因。

英国开放大学——学术辅助人员 Tom

我很长时间以来一直对远程教育感兴趣，和我对教育感兴趣的时间一样长。我在 1979 年来到沃尔顿（开放大学总部所在地）时，申请的是一个教师指导者的职位，5 年后，我才成为一名责任教师。我很愿意与学生和教师建立联系，同时我也喜欢课程开发工作。但是单纯的课程开发工作可能见不到学生，所以责任教师是个理想的职位，它能够同时满足我三方面的愿望。这份工作我非常喜欢，而且它适合我，就算是给我个系主任或者校长当我也不干。

英国开放大学——责任教师 Bob

我申请开放大学这份工作的主要原因是我对咨询和指导感兴趣，而不是对远程教育有着特别的兴趣。我来这里工作的主要原因是我对帮助更多的学生感兴趣，我把在这里工作看作自己职业生涯的重要阶段，而不仅仅是一份工作。

英国开放大学——学术辅助人员 Melare

研究表明，47.1%的受访者认为，在开放大学工作的主要原因是认同并追随开放大学的理念，这些受访者全部是开放大学的专职人员。他们认为开放大学的核心价值在于社会公平、机会均等。它为很多以往没有机会接受高等教育的人提供了受教育的机会，从而改变了很多人的一生。他们在这里工作非常有意义，能够实现自身的价值，愿意把它作为一项事业来做。也有受访者认为，远程只是一种教育手段，认同并追随开放大学的办学理念才是他们愿意为开放大学工作的主要原因。

二、我国专业人员对在线教育工作意义与价值的看法

在谈及“在线教育教师对质量的重要性？”这一问题时，有7位受访者提及了中国在线教育的意义和价值。其中包括3位班主任、1位管理者、1位面授辅导教师、1位科研人员和1位主持教师，占受访对象总数的21.9%。表7–5为访谈数据整理过程中持该观点的受访者角色以及受访者谈及此问题的参考点，楷体部分为受访者回答这一问题时的代表性观点。

表7–5　我国在线教育受访者工作理由的观点分布表

受访者	角色	参考点
田洪	班主任	1
宋利川	班主任	2
田晓燕	科研人员	1
皮蓉	面授辅导教师	1
汪悦菡	班主任	2
彭富杰	主持教师	1
董鑫	管理者	1

我从19岁就开始从事教育工作了，干了一辈子教育，还是很喜欢学生，离不开学生。退休以后来到这儿工作，确实挺好的。

虽然杂事很多，但我不觉得烦，白天在家学生偶尔给我来个电话，帮助他们解决问题还挺开心的。他们很尊重我、依赖我，我很高兴。

北京开放大学朝阳分校——班主任田洪

我特别喜欢这工作，尽管我可以在别的地方有更高的收入。因为我觉得在这里活得特别有意义，像我这年龄，家庭稳定，孩子成人，不需要多操心了。能够把我积累的方法经验全都传递给这些学生，让他们有更好的发展，非常有价值。

我非常感谢北京开放大学给我这个机会，让我做我喜欢的工作。每个月我都要拿出一定的时间花在学生身上，因为没有学生就没有这个回报。回报不是金钱上的，而且学生的成长和进步，这是有钱也买不到的。

北京开放大学——班主任宋利川

在开放大学的工作很有意义，我们的学生是各行各业很勤奋、优秀的工作人员，让他们能站在更高层次去研究问题，解决问题，服务社会，意义重大。

坚持学下来的学生很了不起的，而且会更珍惜他的学位。

国家开放大学——科研人员田晓燕

开放大学的这种教育模式是必不可少的。因为有很多人可能没机会上大学，忙于生计，或者地区偏远，教育资源相对缺乏，他们要先解决工作吃饭的问题。开放大学让更多的人得到机会，对于国民整体素质的提高也会有好处。

我们不能期盼所有在开放大学学习的人都成为精英，但 1 000 个人中，有 10 个人成功了，也了不得。所以开放大学还是挺有意义的。

北京开放大学——面授辅导教师皮蓉

我们都是退休老师，我们在开放大学工作不是为了钱，就是比较喜欢这一行，出来跟学生接触接触，心情也好，尤其是对学生有感情。

原来我们是混着带班的，自己带的学生轮到别的老师带班的时候就特别心疼，就像自己的孩子给了人似的，后来学校决定一人带一个专业。我们这儿所有的老师都这样，对学生就跟自己的孩子一样。

学生对我们也非常好，知道你为他们所做的一切，很贴心。

北京开放大学——班主任汪悦菡

质量保障必须提高从业人员的素质，从招生到教学，他们发挥了非常重要的作用。

如果以创收为目的，那么这个行业没法发展。

北京大学医学部网络学院——管理者董鑫

研究表明，受访的在线教育专业人员比较认同我国在线教育的价值，认为在线教育给没有接受高等教育的人提供了学习和成长的机会，是社会阶层向上流动的阶梯，优秀的毕业生能够为社会做出更大的贡献。优秀的专业人员表现了对自己工作价值的认同和热爱，特别是退休的班主任老师，他们在帮助年轻人成长的同时实现了自我的社会价值。

第四节 主讲教师是保障在线教育质量的关键

一、主讲教师是在线课程内容设计的核心人员

在访谈过程中，有 11 位我国在线教育受访者从不同角度强调了主讲教师对于教育质量的重要性，占认为教师是质量保障关键要素总人数的 34.4%。包括 7 位管理者、2 位教学辅助人员和 2 位主讲教师。表 7–6 为访谈数据整理过程中持该观点的受访者角色以及受访者谈及该问题的参考点，楷体部分为受访者回答这一问题时的代表性观点。

表 7–6 我国在线教育受访者对主讲教师在课程开发中的作用的观点分布表

受访者	角色	参考点
刘勇	管理者	1
黄雁	教学辅助人员	1
陈应海	主讲教师	1
刘玉	管理者	3
赖晓红	管理者	1
李跃旗	教学辅助人员	1
何开惠	主讲教师	1
蔡嘉伟	管理者	1
罗小维	管理者	1
孙一	管理者	2
董鑫	管理者	2

国内的在线教育一般师资是外聘的，我认为最重要的是要选拔好主讲教师，这个对于保障教学质量最重要。

华东师范大学网络学院——主讲教师何开惠

在线教育教材的编写与普通高校完全不一样，高校的老师习惯于高校的授课方式，改成面向成人的教学是有难度的。

中国农业大学网络学院——管理者赖晓红

课程的主讲教师非常重要，我们一般会请校内的任课教师担任。如果教师认真负责，那么录课就会很顺利，最理想的情况是他对网络学习和成人教育感兴趣，能够根据我们学生的特点对授课内容做出调整。但是从我遇到的情况看，大部分校内教师很难做到这一点，

但是我们在企业里请的老师就不一样，我们有一门医疗物流的课，请的是一个大企业的工作经验特别丰富的总经理，特别配合我们，针对我们学生的特点讲了很多实用的内容，特别受学生欢迎。

北京大学医学部网络学院——管理者董鑫

研究表明，受访者认为在线教育的主讲教师在课程资源建设中起到了重要作用，他们对在线教育课程的理解和认识决定了课程的内容和形式。因此，选聘学术水平高，有实践经验、有热情，愿意投入时间和精力开发适合成人学习者需要的在线课程的主讲教师非常重要。

二、主讲教师的聘任和管理遇到了巨大的挑战

在访谈过程中，受访者在强调主讲教师对于保障教育质量重要作用的同时，有 4 位受访者也提出目前我国在线教育主讲教师聘任与管理中面临的问题，包括 2 位教学辅助人员、1 位科研人员和 1 位管理者。表 7–7 为访谈数据整理过程中持该观点的受访者角色以及受访者谈及该问题的参考点，楷体部分为受访者回答这一问题时的代表性观点。

表 7–7　我国在线教育受访者对主讲教师的聘任和管理中面临的挑战的观点分布表

受访者	角色	参考点
陈应海	主讲教师	1
李跃旗	教学辅助人员	1
黄雁	教学辅助人员	1
刘玉	管理者	2

一个课程资源的诞生，首先得有教学大纲。教学大纲的制定我们请了许多专家学者，然后是多种媒体教学资源的一体化设计，文字教材的编写大纲，接着是教材几种编写方法，每个环节都得磨合，你得努力地说服主编、主讲，让他们按照我们的理念做。

还有个问题，专家学者没有这方面的经验，做得出来吗？最后还要再

加上一个时间因素，时间很紧，在这种情况下有时也只能完全按照普通高校的，学科化的、理论化的东西来做。

国家开放大学——管理者刘玉

跟主讲教师老师沟通很重要。精品课还好一些，老师比较有积极性，去申请国家级精品课。别的老师的积极性就稍微差一些。这不仅是课酬的问题，而是在这儿讲没意思，在演播室里录，下面也没学生。互动起来也比较费劲，也影响积极性。

北京交通大学网络学院——教学辅助人员李跃旗

此外，受访者认为，目前我国在线教育的主讲教师大多来自普通高校，他们对在线教育与普通高等教育的区别以及成人学习者的特点的理解还不是非常深入，在课程开发过程中容易将普通高校的教学模式简单移植并应用于在线教育，出现了开发出的课程不能很好地满足在线学习者需要的情况。在聘请外部主讲教师的过程中，由于缺乏相应的激励机制和管理措施，兼职主讲教师积极参与和全身心投入在线课程建设的动力不足，导致开发出的在线课程与普通高校课程同质化程度较高，没有充分考虑在线学习者的特点，影响了教学效果。

从目前我国在线教育课程开发的情况看，绝大部分开放大学和网络学院仍然聘用普通高校的学术专家作为在线课程的主讲教师，课程的主要内容仍然以学术性为主，对在职成人学习者实际工作中的需要考虑不足。

第五节　辅导教师不可或缺

一、辅导教师是保障在线教育质量的重要环节

英国开放大学的受访者被问及“您认为哪些是保障开放大学教学质量的关键要素？”这一问题时，有 9 位受访者认为辅导教师是质量保障的关键要素，占受访者总人数的 53%，其中包括 1 位责任教师、2 位学生辅助人员、4 位核心学术人员和 2 位辅导教师。表 7–8 为访谈数据整理过程中持该观点的受访者角色以及受访者谈及此问题的参考点，楷体部分为受访者回答这一问题时的代表性观点。

表 7–8　英国开放大学受访者对辅导教师作用的观点分布表

受访者	角色	参考点
Anne	核心学术人员	2
Darles	核心学术人员	2
Jo	核心学术人员	1
Bob	责任教师	1
Richard	责任教师	1
Alice	学术辅助人员	2
Michael	辅导教师	2
Mike	核心学术人员	1
Mary	辅导教师	2

一直以来，我都认为在有效的学习支持方面一个相当关键的要素是学习者与辅导教师之间建立良好的关系，即辅导教师为学生提供有效的教学指导。

学生知道他们能够到哪里寻求帮助，在需要帮助的时候，辅导教师能够很好地满足他们的学习需要，指导他们，为他们提供合适的支持，正确地引导学生获得他们所需要的特定的理论、方法。这些帮助是适时的、有效的，并且能够与学生建立良好的关系。

英国开放大学——责任教师 Richard

辅导教师在绝大部分课程中都发挥了至关重要的作用。在学习过程中，学生需要知道他们现在哪里？在什么时候应该开始？学习哪些内容？因此必须有一个可以信赖的人来指导他们。

有经验的辅导教师知道大致在什么时候学生需要哪些类型的帮助，并在学习的关键点上适时地为他们做出指导。所以辅导教师提供有效的学习支持并和学生保持良好的关系对于教学质量非常重要。

英国开放大学——核心学术人员 Jo

辅导教师非常重要，我曾经是一名辅导教师，要在九个月的时间里辅导20~25名学生。我很享受和学生一起工作的过程。由于我对课程材料、DVD等媒体很熟悉，所以我是学生得力的指导者和帮助者。

我的主要职责不是一个讲师，每门课我只有四次面授辅导的任务，因此对于教学内容我要精心组织和选择以满足学生的需要。我经常会听到学生说“我的电源断了，我需要更多的时间完成作业。我怎样把这部分删掉的内容恢复，如何返回到上一步？”之类的话。辅导教师的支持服务主要是鼓励学生继续前进。

英国开放大学——责任教师 Bob

我是一位辅导教师，对我来说，辅导每一个学生都是一种特权。这就是我为什么愿意为开放大学承担学生辅导工作的主要原因。

这种特权在于通过我的教育能够对学生的人生产生影响。每次我都会提醒自己，我的作用是引导他们向人生迈出一大步。因此，我必须尊重他们，特别是那些没有良好背景的学生。

英国开放大学——辅导教师 Mary

研究发现，在中国在线教育专业人员中有11位受访者认为辅导教师对于保障教学质量非常重要，占认为教师是质量保障关键要素总人数的45.8%，包括1位责任教师、1位面授辅导教师、1位主讲教师、1位主持教师、1位科研人员、5位管理者和1位班主任。表7–9为访谈数据整理过程中持该观点的受访者角色以及受访者谈及该问题的参考点，楷体部分为受访者回答这一问题时的代表性观点。

表 7–9　受访者对课程辅导教师的观点分布表

受访者	角色	参考点
刘玉	管理者	1
纪薇	主讲教师	3
孙一	管理者	1
唐翕	责任教师	2
皮蓉	面授辅导教师	1
田晓燕	科研人员	1
汪东红	主持教师	1
彭小敏	管理者	1
董鑫	管理者	1
李婷	班主任	1
孙雪	管理者	1

我们中国的学生还没有完全适应在线学习，很大程度上还保持传统的教与学的观念，只有坐在教室里，有那种氛围才学得进去。在网上学习干扰很多，还有很大一部分学生有工作、有家庭，双重压力，没有那么多时间，所以面授还是很重要的。

因此面授辅导教师的作用非常大，因为亲其师而信其道。面授课的次数不多，而且是晚上上课，讲得好的课出勤率才高，学生的考试及格率也高。

北京开放大学朝阳分校——责任教师唐翕

我们学前教育专业有一门课叫幼儿膳食营养，第一次招了 90 个学生，我们基本上遵循了英国开放大学的小班授课模式， 30 个人一个班，我们分成三个班，配三个辅导教师，每个班配一个老师，引导学生学习、回答学生问题、给学生判作业，都是跟学习内容密切相关的，这样才能更好地保证教学质量。

北京开放大学管理者——孙一

研究发现，无论是英国开放大学还是中国在线教育的专业人员，在访谈过程中都强调了辅导教师对于教育质量的重要性和价值。在教与学时空分离的在线学习环境下，学生与学习资源之间如果缺少教师这个媒介，会导致教学互动效率的下降。而辅导教师这一角色为学生提供了有力的支持，特别是当学生遇到困难和问题的时候，辅导教师适时地起到了桥梁和纽带的作用，是保障教学质量的关键环节。

二、辅导教师的角色与作用

（一）辅导教师为在线学生提供具体的学术辅导

开放教育毕竟属于远程教育，主要是以网上教学为主。但目前很多学生不具备自学能力，不看或者看不太懂。所以面授教学就是个很重要的环节。它相当于是一个辅导，教学生怎样利用网络学习。面授的时候，老师会把课程的重点、难点，以及需要了解的基础知识讲出来，这样学生回去就可以在网上完完全全地自学了，面授教学还是很必要的。

北京开放大学——管理者彭小敏

辅导老师一般起到什么样的作用呢？在论坛上发帖子，回帖子，批改学生作业，并回答学生问题。

像临床中的一些案例，学生不明白就可以问老师，一定程度上辅导教师是帮助学生解决困难的。

北京大学医学部网络学院——班主任李婷

（二）辅导教师是课程设计与开发工作的重要顾问

我们给辅导教师一张清晰的路线图，从课程设计之始就告诉他们课程的原理是什么，鼓励他们参与课程的建设并提供帮助。辅导教师的角色不是一个传送器，而是真实的课程参与者。

英国开放大学——核心学术人员 Jo

辅导教师在教学运行过程当中是主要的参与者。当然了，在前期课程建设的时候，辅导教师也会根据自己的经验对课程开发提出建设性的意见。

北京开放大学——管理者孙一

（三）辅导教师是学习材料的有益补充

在线教育中，教师还是很重要的，因为现在课程资源的利用率并不是太高，有的很好的网络资源、文字教材，却没怎么用过。

要让这些资源活起来的话，还得靠辅导教师督促学生学习。

国家开放大学——管理者刘玉

谈到质量保障，开放教育的一个很重要的因素就是辅导教师，以及辅导教师如何联系、响应学生，与学生进行互动。

辅导教师的作用不止在于传递课程材料，而是作为课程的一部分，帮助学生完善学习经验。在我们健康和社会福利系，很多辅导教师都是特定领域的从业者，他们积累了丰富的实践经验，可以提供大量的案例，学生可以借助他们的经验来弥补课程教材的不足。

英国开放大学——核心学术人员 Jo

（四）辅导教师是教学交互活动的重要组成部分

辅导教师与学生进行会话和沟通，在加深学生对于教材的理解，加强师生互动方面起到了很大的作用。尽管通过阅读材料，学生和课程材料之间也可以产生内部的互动，但是最有效的理解和互动还是人与人之间的交流。

辅导教师的作用在于为学生提供持续的评价与反馈，并对学生的学习过程进行监控，与学生进行持续的对话，他们在保障教学质量，提高学生的学业成就方面起到了关键作用。

英国开放大学——核心学术人员 Anne

辅导教师在指导学生的过程中，与学生的互动并不是一次性的，而是持续性地贯穿在整个课程中。辅导教师在这个过程中起到决定性的作用，是让课程质量更高以及学生成功的关键。

英国开放大学——辅导教师 Michael

确保在线教育质量的另一个重要组成部分是辅导教师，辅导教师如何与学生建立联系、回应学生的需求以及和学生进行互动是非常非常重要的。

以我目前主持的一门研究生课程为例，这门课的课程资料不多，鼓励学生自主探究，那么学生必须与我进行交流，我来持续地指导他们的学习。如果他们不这样做，就无法通过考试。而另一门本科生的课，课程材料足够丰富，又有过程性的问卷，那么辅导教师的工作就会少一些。

英国开放大学——核心学术人员 Darles

（五）辅导教师能够为学生提供个性化的支持服务

为什么辅导老师重要，辅导老师的一大功能是提供服务的，教育不是一个标准的产品，要了解他每个学生的个性。况且现在是动态资源，动态资源更需要交互，在与资源的互动过程中产生服务，所以服务很重要。这就是远程教育对教育的贡献，对学习的支持服务。

国家开放大学——管理者刘玉

研究发现，辅导教师在学生课程辅导与答疑，帮助学生深入理解课程内容方面发挥了重要作用。特别是在面授教学中，通过与学生交流，一定程度上弥补了在线教学中师生交互的不足，在面授过程中教师的指导和示范，也对学生产生了潜移默化的影响。

辅导教师在面授教学、向学习中心和课程组提供反馈以及改进教学方面也发挥了重要作用。作为在线学习的帮助者和促进者，辅导教师为学生提供了个性化的学术性和情感性支持服务。他们结合自己的工作经验，弥补了远程课程材料和资源的不足。

三、在线教育面授辅导教师的能力要求

研究发现，有 6 位受访者表达了自己对辅导教师要求的看法，包括 1 位科研人员、1 位责任教师、2 位管理者、1 位主持教师和 1 位面授辅导教师，他们都有面授辅导的教学经历。表 7–10 为访谈数据整理过程中持该观点的受访者角色以及受访者谈及该问题的参考点，楷体部分为受访者回答这一问题时的代表性观点。

表 7–10 我国在线教育受访者对课程辅导要求的观点分布表

受访者	角色	参考点
孙雪	管理者	1
唐翕	责任教师	1
皮蓉	面授辅导教师	1
田晓燕	科研人员	1
汪东红	主持教师	1
彭小敏	管理者	1

（一）面授辅导教师要具备高度的概括与提炼能力

开放教育给辅导老师提出了一个很高的要求，同样是一本书，普通高校的老师可以用 90 课时一学期，职工大学也是这样，但是开放大学的老师只有 20~30 个课时。你要在这 20~30 个课时里，把全部的内容讲下来是根本不可能的。所以要根据自己的理解，把握这门课的重点，给学生讲重点、讲难点、讲精华，但是这样给辅导老师的考验和压力也是很大的。

北京开放大学——管理者彭小敏

说实在的，很多老师不太愿意在开放大学上课，同样是备一门课，在开放大学只有 20 多个课时，职工大学有 60、70 个课时。在职工大学可以慢慢地讲，讲完了自己出题，自己考试。而在开放大学的话是国家开放大学、北京开放大学考试，控制不了。

北京大学医学部网络学院——管理者孙雪

给开放大学的学生上课，大纲要求的知识点必须得熟，不能本末倒置。需要深入研究，基本的概念、基本的题型都要熟悉。

开放大学的需求是让学生学到知识，还有就是让较多的人完成课程。教得很好，只有十人报名，最后就一个人过了，社会影响不好。如果是由于教学的原因，没有深入浅出地教，或者脱离大纲造成的就不应该了。

所以在开放大学讲课就必须彻底掌握教学大纲，在有限的时间里集中把知识点讲出来，想办法让学生对知识点理解透彻。

北京开放大学——面授辅导教师皮蓉

（二）面授辅导教师要有丰富的实践经验

开放大学的学生不像普通高校的学生，他们有一定的工作经验，对老师的要求也高。但实际上这样的学生，也促进了老师提高教学水平。老师会更侧重讲学生工作中能用到的内容，互相促进。

北京开放大学——责任教师唐翕

对于专业课程来讲，比如会计专业，对老师要求更高。高校的会计老师大多没做过会计工作。但是我做过十年实际的财务核算工作，来给学生上面授课，实际上对我也有促进，在讲课的过程当中，我能够把握这个学科的前沿。而实际的操作，又为我讲课增加了丰富的实践经验。

会计专业的学生，一方面要求得到新的知识。另一方面不断地把实践当中的问题拿到课堂上来问。相应地，作为老师，一方面是给学生传授知识，另一方面对自己也有非常大的提高。这个和高校确实不一样，是教学相长的。所以，对于质量来讲，教师是个非常重要的因素。

国家开放大学——主持教师汪东红

（三）面授辅导教师在教学过程中要注重理论与实践相结合

学生最认可有实际工作能力的老师，希望老师把理论与实际相结合，用老师丰富的实际经验帮助他们解决实际问题。所以有实践经验的老师特别受学生的欢迎。

北京开放大学——班主任汪悦菡

有的时候要举例子，结合学生的背景、实际工作去讲。另外，上课要准备很多案例。案例有两个作用，第一只讲书学生听不进去，案例可以调动他们积极性。第二呢，案例确实能让很多学生用上。所以老师备课的时候就得找最精华的东西来讲。

北京开放大学——管理者彭小敏

受访者认为，辅导教师在面授教学中，要能够很好地把握课程的重点、难点，吃透大纲和教材，在较短的时间内为学生提供有效的帮助和指导，同时在授课过程中要结合实际与案例，帮助学生解决现实工作中遇到的问题。由于在线学习者大多是在职成人，他们有着丰富的从业经验，经常就工作中遇到的实际问题与教师讨论，因此辅导教师除了精通本专业的知识外，还需要具有丰富的实践经验。与普通高校教学相比，学生对在线教育教师提出了更高的要求。

第六节　班主任对保障成人学习的质量发挥了重要作用

一、在线教育中班主任的重要性

研究发现，有 10 位受访者认为班主任对于保障教学质量非常重要，占认为教师是质量保障关键要素总人数的 41.7%，包括 1 位教学辅助人员、1 位面授辅导教师、1 位主持教师、3 位管理者和 4 位班主任，他们了解班主任工作或者本身就是班主任。表 7–11 为访谈数据整理过程中持该观点的受访者角色以及受访者谈及该问题的参考点，楷体部分为受访者回答这一问题时的代表性观点。

表 7–11　我国在线教育受访者对班主任作用的观点分布表

受访者	角色	参考点
田洪	班主任	2
宋利川	班主任	4
汪悦菡	班主任	3
皮蓉	面授辅导教师	1
欧阳晶	主持教师	1
罗小维	管理者	1
黄丽君	教学辅助人员	1
孙雪	管理者	1
李婷	班主任	2
孙一	管理者	2

一个好的班主任，对学生的帮助非常大，他经常在考试前提醒学生哪天要考什么科目，如何交作业等，会把学院的动态和学生需要掌握的东西及时告诉学生，让他们做好准备。

北京大学医学部网络学院——管理者孙雪

班主任挺重要的。一般来说，班主任会提醒学生选课交费、交作业等，课里课外的工作，都是班主任在做。

北京开放大学——管理者孙一

班主任如果特别热心，凝聚力强，能让一个班的学生互相帮助，那个班的通过率就高。所以班主任对质量能够起到很大促进作用，如果做不好的话，可能就影响这个班。

有的班主任如果做得好的话，会组织学生搞学习小组，这个起的作用就更大了。对于北京开放大学来讲，应该加强班主任队伍的建设。但是目前的班主任，一般都是各个学校退休的老教师很热心，但精力有限。

北京开放大学——管理者罗小维

班主任的工作非常有必要，有时候虽然学生自己想学，但是客观上又保证不了，比如按时交作业。得提醒他，松懈的时候要有一定的批评，成绩不理想的时候要鼓励，最终让学生觉得有收获。

北京开放大学——面授辅导教师皮蓉

二、班主任的角色与作用

（一）班主任是学生信息服务的主要提供者

学生很依赖班主任，开放课程的很多作业、通知都在网上发布，但有些学生上网不方便，作为班主任来讲，就要及时了解这些信息，给学生提供方便。

北京开放大学朝阳分校——班主任田洪

按说这些学生都是成年人，不需要提醒他们，但是他们上网的时间有时不固定，所以重要的信息，我都注意及时告诉他们。我跟学生就是这样的关系，他们对我很信任，有什么事找学校或者找辅导老师，一般都先问我，我盯得比较紧、比较细，对每门课老师的要求都清楚，学生有不明白的就可以问我。

北京开放大学——班主任汪悦菡

（二）班主任是学生工作的一线管理者

学生流失与否跟班主任太有关系了，班主任不管的话，学生就像一盘散沙，对学校根本不了解，也没有什么收获。必须得班主任带着，让他知道来到这个学校好在哪，能学到什么。

北京开放大学——班主任宋利川

我管理班级的主导思想就是要抱团，一定要互相帮助，有的学生没有时间整理资料，整理好的学生就分享一下。大家都有工作，都忙，但是互相搀扶一下、拉一把，就能把学业完成了。

另外第一学期特别重要，一定要给学生树立自信心，这个我深有体会。抓与不抓，管与不管绝对不是一回事，差距非常明显。

北京开放大学——班主任汪悦菡

（三）班主任是校园与班级活动的组织者

我们班组织的活动太多了，比如说班集体一起过生日，一起出去郊游。这些活动都是自发的，由班干部召集，要参加AA制，我也参加。

虽然我们是成年人教育，但也应该让他们感受到像普通大学一样的朝气蓬勃的氛围，享受这种校园文化、校园生活，让他们在这里读书愉快、心情愉快。

除了学习以外，我们在这些活动中也会发现每个学生身上的优点，让有特长的学生在活动中展现，原来我们成人学生也照样有人才，也了不得呢！

北京开放大学——班主任汪悦菡

（四）班主任是辅导教师与学生的桥梁和纽带

实验班的课比较复杂，作为班主任，我每天要关注论坛，关注学生跟辅导老师的互动情况，学生的问题点在哪，还要跟学生沟通。

我们有学习平台，能看到学生作业提交的情况，老师的提醒等。比如这拨学生同样的问题很多，就要请老师发个帖子说明一下，指导一下大家，怎么能更好地完成这个阶段的作业，这个督促工作非常重要。

我觉得我们就像中间人一样，我们一方面拽着辅导老师，一方面要拽着学生。比如我们要观察学生论坛的情况，如果学生这两天集中上了，老师没有上来，我们就要跟老师沟通，请老师抽出时间上论坛辅导。只有这样，老师和学生才能真正互动起来，如果老师不回复，学生不上来，那论坛就失去作用了。

我们就相当于纽带一样，让老师和学生互相之间联系更紧密。其实这是最关键的。课程已经设计好了，怎么能让这个课运转起来，能让学生跟着学下去，让辅导老师有成就感，让他们觉得自己辅导的学生是有质量的，这些工作都要班主任来做。

北京大学医学部网络学院——班主任李婷

（五）班主任为学生提供情感支持与心理辅导

我经常在网上和学生聊天，临考试前会给他们发消息“马上就要考试了，希望大家能够树立起信心，不要有压力”。学校有网络平台，可以群发信息，为什么不利用这个跟同学们多沟通，多说两句呢。即使这次考不好的话，也没有关系。人生遇到点小挫折算什么啊？我经常鼓励他们。

北京开放大学——班主任宋利川

很多学生有老有小，挣一点钱还来上学很不容易，班主任就是要帮助他们。作为班主任，一切都要为了学生着想。有些学生中途动摇了，就要给他们做思想工作，鼓励他们坚持。

北京开放大学朝阳分校——班主任田洪

其实班主任可做的工作非常多，要想让学生信服你，首先你要走进学生的心里，让他们接纳你。

北京开放大学——班主任汪悦菡

研究表明，受访者认为，班主任在学生管理、降低远程学习的孤独感，培养学生归属感和为学生提供社会性支持服务方面起到了非常关键的作用。班主任的工作主要包括学生的信息服务、学生管理、活动组织、沟通交流、情感支持、心理辅导等方面。通过做学生的思想工作，帮助学生树立正确的学习观，鼓励和激发学生的学习动力，培养学生的自信心；通过对学生的管理，及时把握学生的学习动向及学习情况，帮助学生掌握在线学习方法，增强学生对学校的归属感和班集体的凝聚力，有效降低学生的辍学率和流失率；通过信息服务，为学生提供咨询，帮助学生及时了解学校的通知及各项工作安排；通过组织学习小组和课外活动，让学生感受校园文化，培养学生的归属感和集体荣誉感；通过对辅导教师和学生的双向沟通，起到桥梁和纽带的作用。

三、在线教育班主任的职业要求

研究发现，有 5 位受访者表达了自己对班主任要求的看法，包括 3 位班主任、1 位管理者和 1 位主持教师，他们都了解班主任工作或者本身就是班主任。表 7–12 为访谈数据整理过程中持该观点的受访者角色以及受访者谈及该问题的参考点，楷体部分为受访者对回答这一问题时的代表性观点。

表 7–12 受访者对班主任要求的观点分布表

受访者	角色	参考点
田洪	班主任	2
宋利川	班主任	4
汪悦菡	班主任	3
罗小维	管理者	1
欧阳晶	主持教师	1

（一）班主任对待成人学生需要特别有耐心

有时候拿学生当孩子一样，又是他们老师，所以什么事儿都替他们想。班主任首先是要有耐心，没有耐心就没有爱心。

北京开放大学朝阳分校——班主任田洪

开放大学的班主任特别累，普通高校一个辅导员辅导一个系或者一个专业，我们是每个班一个班主任，班主任要能和学生打成一片，还要说劝、督促他们学习，所以说班主任得相当有耐性。

北京开放大学——主持教师欧阳晶

（二）班主任对待班级管理工作要认真负责

班主任必须得负责，班主任的负责程度直接决定着学生的通过率。

北京开放大学——主持教师欧阳晶

班主任确实很重要的，班主任如果特别负责，把一班的学生全笼过来，督促大家去学，这个班的通过率就高一点，如果这个班的班主任责任心不强，管理松散，那学生的通过率就低一点。

北京开放大学——管理者罗小维

（三）班主任对待学生要有爱心

其实班主任做得都是良心活，身为一名老师，要对得起学生，对得起自己做的事。

北京开放大学——班主任宋利川

师生之间，在生活上他们称我为“汪妈”，在外面我们就是朋友，可以说是无话不谈的朋友，我从来都是把他们当成自己的孩子。

北京开放大学——班主任汪悦菡

研究发现，优秀的班主任大多具有很强的责任心，他们对工作认真负责，面对琐碎的工作特别有耐心，对工作的认同感高，有爱心，肯在学生身上花时间、花精力，对学生的管理和要求都比较严格，对每个学生的情况都了如指掌，在生活上经常为学生着想，与学生的关系非常融洽。

四、小结

研究发现，虽然大多数在线学习者都是在职成人，但是班主任的角色不可或缺，他们对于保障在线教育质量起到了非常重要的作用。工作出色的班主任，所负责的班级统考通过率和毕业率都远高于其他班级。班主任工作主要包括学生的思想工作、学生管理、信息服务以及社会性服务四个方面。

丁兴富教授在在线教育质量保障及质量评估与认证国际比较研究项目的结题报告中，将远程教师的专业发展与培训作为在线教育质量保障体系共同的基本要素，为在线教育教师这一关键要素提供了理论上的支持。[①]

① 丁兴富. 远程教育质量保证国际比较研究及其主要结论——“远程教育质量保证及质量评估与认证国际比较研究”成果 (1)[J]. 中国远程教育，2005(2): 9-13,78.

第八章

结　语

一、研究结论

在线教育的质量观是参与在线教育的主体对在线教育质量价值的选择以及质量功效实现程度的判断，主要体现在在线教育的质量目标和对在线教育质量结果的评价和判断两个方面。

中国在线教育的质量目标是培养应用型人才，即在线教育以应用型人才培养为质量目标，适应社会发展的需要，在高等教育大众化的背景下，以社会需求为导向，以满足社会需要和学生个体在知识技能、生涯发展、职业提升等方面的发展作为判断教育质量的依据。由于在线高等教育的对象与普通高校不同，培养目标上存在差异，因此在线教育的质量标准也应有别于普通高校。在质量结果上，目前中国在线教育的质量现状并不理想，一方面，在线教育在生源、教学资源、教学水平、师资条件以及学生的学习结果等方面与普通高校相比存在着较大的差距；另一方面，尽管中国在线教育的质量目标是应用型人才培养，但各试点高校对于应用型人才的内涵和培养目标的认识和看法并不一致，缺乏统一的应用型人才的质量标准，在评价在线教育的质量结果时，缺乏参考和依据。

英国在线教育的质量目标则坚持与普通高等教育质量的同一性，英国开放大学的质量标准必须符合英国高等教育质量保障署的总体质量目标与质量要求；在质量的结果上，开放大学在课程资源、教学服务、科研能力和学生满意度方面都与普通高校持平，符合并达到了质量目标的要求。

质量保障的关键要素是在线教育质量观的集中体现和反映。本书作者对英国开放大学 4 类角色 17 位专业人员和中国在线教育 8 类角色 32 位专业人员进行了半开放式问题的深度访谈，共转录了 143 632 字的英文访谈数据和 499 188 字的中文访谈数据，运用质性研究工具 Nvivo11.0 对数据进行了深度分析，提取出课程资源、学习支持服务、质量管理和在线教育教师四个要素作为在线教育质量保障的关键要素。

（一）在线教育质量观的影响因素

为了解释中英两国在线教育质量观的成因，本书从在线教育的价值取向、在线教育机构的办学定位和在线教育的质量环境三个方面对中英两国的在线教育质量观进行成因分析，并提出了在线教育质量观影响因素模型。这一模型的价值在于将质量观置于一个全方位的视角，为不同文化背景中质量观的国际比较研究提供参考框架，见图 8–1。

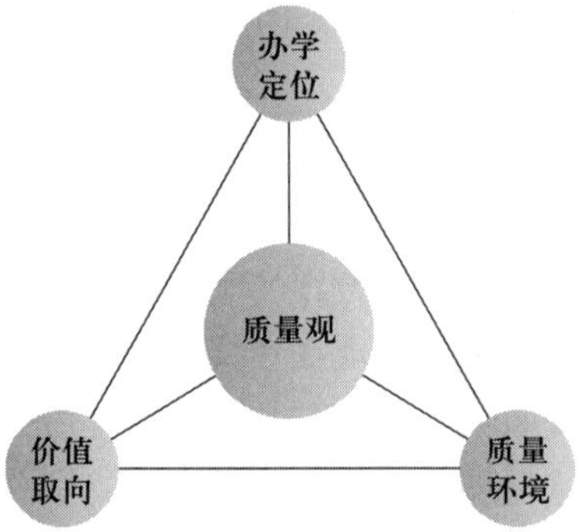

图 8–1 在线教育质量观影响因素模型

通过该模型可以对中英两国在线教育的质量观进行进一步的解读，中英两国在线教育质量观是两国在线教育机构价值取向、办学定位和质量环境综合作用的结果。

从中英在线教育价值取向的比较来看，二者的个体价值基本相同，都是为个人的职业与生涯发展创造有利条件，提升知识技能与生活品质，但二者的社会价值有所不同。虽然在线高等教育都促进了中英两国的社会公平与机会均等，但在中国在线教育被赋予了更多的社会职能，如促进地区经济发展、提高人口素质以及高等教育改革与资源共享等，从一个侧面反映国家和社会对在线教育的要求，是中国社会本位教育观的一个缩影。

从中英两国在线教育的办学定位来看，二者有较大的差异。英国在线教育的定位是理念引导、高质量标准和国际化，运用开放教育的理念引导在线教育的发展，将提供高质量的教育写入办学使命中，同时具有国际化的视野，将发展目标设定为世界在线教育的领导者。而中国将在线教育定位在满足社会需要的应用型人才培养上，考虑了中国的社会发展水平和实际情况，更加具有实用性和针对性。

从两国在线教育的质量环境来看，英国在线教育与普通面授教育处于同一个公立高等教育系统中，二者在法律地位、财政拨款、自主办学方面享有同样的权利。从创立以来就一直存在的，来自社会、政党和高校各方对在线教育质量的不断质疑也成为英国开放大学保障高质量教育的外部动力。而中国在线教育源自政府教育发展项目，尽管近二十年来得到了迅猛的发展，但是在身份上并没有被纳入到国民普通高等教育序列，而是归入成人教育的范畴。尽管在线教育对于国家发展、社会进步有着不可替代的作用，但是从总体上看，在线教育还处于边缘地位。在社会环境上，英国在线教育一开始就受到了质疑，为此，开放大学不得不采用更为严格的标准和措施保障教育质量。而中国在线教育的质量也受到了质疑，但是总体来讲，还处于卖方市场，从某种程度上讲学历还是供不应求，学生追逐文凭的取向也从一定程度上降低了对质量的监督力度。体制上，中国的开放大学还没有完全取得与普通高校相当的地位，办学层次仅限于本科和专科，没有硕士和博士学位授予权。而网络学院并不是独立的办学实体，而是依托其母体——试点高校来颁发学历学位。

从两国质量观的对比来看，英国在线教育质量观属于目标论质量观范畴，这种质量观强调教育目标的重要性，认为教育质量结果需要达到教育目标的要求，只要达到教育目标，就是保障了教育的质量。① 中国在线教育质量观属于适应论质量观范畴。适应论质量观强调质量的本质属性是适应性，质量本身并无高低之分，适应需要并满足需要就是达到了质量要求。② 这两种质量观本身没有优劣之分，都是两国在线教育机构根据所处的社会、历史、文化背景以及中英两国的国情和社会发展阶段做出的现实选择。

作为英国高等教育系统的一员，英国开放大学与普通高校处于同一公立高等教育系统中，同样需要接受英国高等教育质量保障署的评估与审核，因此也促使其教学质量要与普通高校达到同一质量水准。英国开放大学的专业人员更倾向将在线教育看作是一种教育手段，认为在线教育方式也可以取得高质量的教学效果，实践也证明了这一点。而中国将在线教育的质量目标定位在应用型人才培养，则与现阶段中国社会发展水平和基本国情密切相关。一方面，中国高等教育普及率较低，国家建设与社会发展需要大批高素质技能型人才，通过在线教育手段能够扩大教育机会，提高人才培养数量和规模；另一方面，在线教育的对象大多是在职成人，有着较为丰富的工作经验，在线教育有助于这些学习者提高文化素养，提升职业技能，更新知识观念，为个人发展创造更为有利的条件。因此中国在线教育应用型人才培养的定位是合理和得当的。

对比中英两国在线教育质量观的影响因素，发现两国在在线教育的价值取向上基本相同，核心价值都是社会公平、机会均等，两国在在线教育的定位上

---

① 赵蒙成，周川. 高等教育质量：概念与现实[J]. 江苏高教，2000 (2)：32–35.

② 陈玉琨. 发展性教育质量保障的理论与操作[M]. 北京：商务印书馆，2006:32–35

也都与价值取向基本一致，导致在线教育质量观差异的重要原因在于两国在线教育的质量环境。相对于英国在线教育的质量结果与质量目标相符的情况，中国在线教育的质量结果则不尽如人意，与质量目标有很大的差距，其中最主要的两个原因是质量标准和质量环境问题。目前中国缺乏统一的应用型人才的质量标准，这导致在线教育的质量评价没有参照依据，只能用普通高校的标准来评价在线教育，而二者的培养目标存在根本上的差异，所以造成了社会大众对在线教育不认可，学生对在线教育不满意等一系列问题。此外，目前中国在线教育的质量环境客观上对质量目标没有起到很好的支撑作用，特别是其中最重要的高等教育环境，部分高校在对在线教育的认识和价值取向上存在偏差，没有将在线教育真正作为一项公益的教育事业来做，导致在线教育质量不理想。

（二）在线教育质量保障的关键要素

研究发现，课程资源、学习支持服务、质量管理和在线教育教师四个要素是在线教育质量保障的关键要素，见图 8–2。

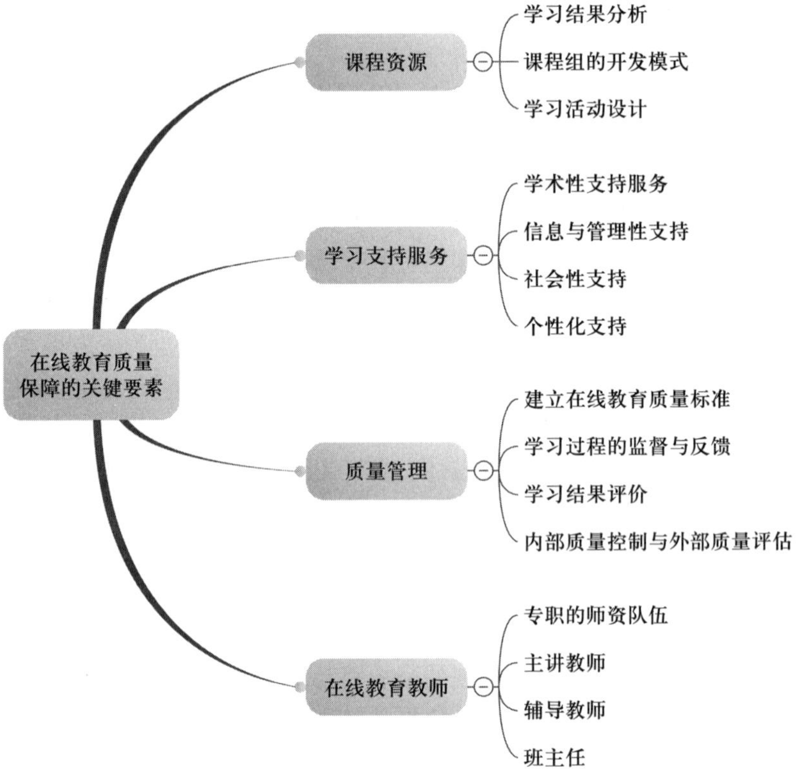

图 8–2 在线教育质量保障的关键要素

尽管这四个关键要素并没有突破以往研究的框架，但是其下位的子要素则与以往的研究有所不同。在课程资源维度，本研究强调课程开发应该重视基于学习结果的课程设计、课程组的开发模式以及学习活动的设计三个重要环节。对于学习支持服务，本研究建构了学习支持服务的金字塔模型，强调个性化支持服务对于在线教育质量的影响与重要价值。在质量管理方面，本研究建议在线教育机构建立自己的质量标准体系，通过内部质量控制和外部质量评估相结合的方式进行质量管理，同时要重视学习过程的监督与反馈以及学习结果的评价。在在线教育教师维度，本研究对专职师资队伍建设、主讲教师、辅导教师和班主任的作用与职责做了详细的阐述，特别强调在线教育机构要选拔了解成人在职学习者特点与需求的，有相关领域丰富工作经验的专职学术人员从事课程开发工作。

（三）研究中的非关键要素

在数据分析过程中，除了课程资源、学习支持服务、质量管理和在线教育教师四个要素之外，英国开放大学的受访者还提出资金投入、教学创新和技术手段也是在线教育质量保障的关键要素。有 3 位受访者认为教学创新是推动在线教育不断发展的源泉，对于质量非常重要，有 1 位受访者认为资金的投入是质量保障的关键。在中国对专业人员的访谈过程中，有受访者认为资金投入、入学考试和技术手段也是在线教育质量保障的关键要素。有 2 位受访者认为设定入学门槛，对在线学习者进行考试选拔是保障在线教育质量的重要条件，有 3 位受访者认为资金的投入是质量保障的关键。这些要素由于持该观点的受访者人数比例较低，不符合关键要素的选择标准，所以被排除在关键要素之外。

对于技术手段是否是质量保障的关键要素这一点上，受访者的看法不一，在对英国开放大学受访者的访谈中发现，有 20% 的受访者认为技术手段是质量保障的关键要素，而 80% 的受访者则认为技术手段只是一个基础性要素。技术在在线教育中发挥了重要的作用，是在线教育可以实现的基础条件，技术手段为在线教育教学提供了支撑环境，对学习起到了促进作用，但技术只是一个支撑性和辅助性手段，不需要盲目地追求高、新、尖的技术，关键在于如何将技术有效地运用到教学中。

此外，英国开放大学的受访者认为在技术的使用过程中一方面需要考虑学习者的特点和接受水平，另一方面要考虑教学目标和教学效果，选用适当的媒体和技术来呈现教学内容。由于学科的差异，技术在不同学科教学中发挥的作用不尽相同。在某些学科如计算机和理工类学科中的作用较为突出，但是在数学和社会科学领域中，技术的应用就比较有限。还应保持技术系统的稳定性和易用性，如果技术系统出了问题，将会妨碍教学工作的顺利开展。

与英国受访者的观点相似，在对技术手段与教育质量关系发表观点的 18 位中国受访者中，有 5 位受访者认为技术是在线教育质量保障的关键要素，有 13 位受访者认为技术手段是保障在线教育质量的基本要素。

中国在线教育专业人员认为技术手段的应用对于在线教育的发展起到了重要的支撑作用，主要表现在在线学习平台和管理平台两方面。在线学习平台为教学活动的开展提供了支持环境，建立了教师和学习者交流的虚拟社区，电子化形成性评价、在线考试、网上答疑等创新教学手段的运用，有效地保证了在线教学工作的顺利开展。在线教学管理平台的应用使学生管理、学籍管理、教师管理、考试管理、学习过程管理等工作信息化、数字化，大大减轻了教务部门的工作量，提高了工作效率。通过教学管理平台还可以监控学生的学习过程以及教师的工作，及时统计和反馈相关信息，为在线教育机构决策和改进工作提供参照。

同时，受访者也反映了我国在线教育技术手段应用中存在的问题，与盲目追求高、精、尖技术相比，受访者认为技术的稳定性、可靠性和兼容性更为重要。在技术运用到真实的教学环境之前，必须进行严格的测试，如果技术不成熟、不稳定，反而制约和影响教学工作。

尽管受访者普遍认为技术仅仅是在线教育的基础设施，但是技术在质量监控中仍然发挥了重要的作用。在线教育机构能够运用技术手段帮助教师实时监控课程资源文档的访问情况、学生的各门课程成绩、在线参与度以及师生之间、生生之间的互动交流情况。通过对学习任务参与情况的追踪，监控学生完成课程预设学习任务的顺序与进度，学习的投入过程和偏好等情况。同时评估学生群体的学习进度、分析学生对学习路径的偏好、评估预设学习进度和学习路径的合理性，从而帮助教师判断是否需要调整教学计划、如适当放慢学习进度、增加一些辅导活动来把控或促进学习进度，并反思原有的教学设计与计划是否合理。

需要说明的是，在本研究中没有被列入关键要素的一般性要素并非不重要或者重要性低，而是受本研究中访谈对象的角色或者研究者的水平所限，与本研究中所提出的关键要素的筛选标准不吻合，因而没有提升为关键要素，他们也有很重要的参考价值，需要在后续的工作中继续进行深入的研究。

二、研究建议

在线教育质量观是在线教育机构办学定位、在线教育所处的质量环境以及对在线教育的价值取向综合作用的结果，也与在线教育所处的历史发展阶段、政治制度、经济发展水平、教育制度和文化传统密切相关。

通过对两国在线教育质量观的成因分析，研究者认为，制约我国在线教育发展的根本原因在于我国在线教育缺乏可供参照的质量标准。尽管我国在线教育的质量目标是培养应用型人才，但什么是应用型人才？应用型人才的具体培养目标和质量规格是什么？与普通高校的学术型人才有哪些区别？这些问题并没有被清晰地界定和说明。这种情况导致在线教育的具体培养目标不明确，对于培养的结果是否达到了应用型人才的标准也无从判断，质量的好坏只能与普通高校简单类比，既不科学，也不合理，这是造成我国在线教育质量不理想的最根本原因。

针对这一问题，本研究提出：应该尽快建立统一的在线教育国家质量标准。其意义在于为在线教育设定一个质量底线，对应用型人才的内涵和要求做出细致的解释和说明。质量标准的设立有助于明确在线教育的培养目标和规格，理顺在线高等教育与普通高等教育的关系，规范试点高校的办学行为，提高教育质量。质量标准的制定，应该由在线教育行业本身或者第三方机构来完成，由政府来行使规则的检查与质量评估的职能。同时，在制定标准的过程中还要特别考虑标准的统一性与灵活性相协调的问题，保留各在线教育机构的办学特点和特色，既有具体要求的统一性，又要考虑到差异性。

此外，对比中国和英国在线高等教育的价值取向，两国在线教育的价值取向基本相同，核心价值都是社会公平，机会均等。在线学习者大多是成人在职学习者，在线教育的主要目标也是为这个群体提供补偿性的高等教育机会，帮助他们通过在线学习获得学历的提升。在线高等教育从某种程度上看更倾向于一种高等教育中的“慈善事业”，而万万不能将在线教育办成一个营利性的产业。因此，在线教育更需要国家资金的投入，才能保障教育的质量，促进教育公平。

三、研究的局限与不足

由于本研究的视角是在线教育中的专业人员，不可否认，政府、雇主、学生、家长都是在线教育的利益相关者，他们对在线教育质量观可能与专业人员有所差异，但在本研究中没有涉及这些角色和人员。限于篇幅和研究条件，本研究无法从多个视角以及更大的范围对中英两国的在线教育分别进行比较研究，即使在专业人员角色的选择上也存在着未能覆盖所有角色专业人员的现象。本研究仅从中英两国 49 位专业人员的视角对在线教育的质量观和质量保障的关键要素做了一定的探索，限于研究条件和样本数量，得出的结论和关键要素的选择有一定的局限性。

此外，本研究比较的对象仅限于英国开放大学和中国开放大学系统和网络教育学院系统。因条件所限，没有对英国开放大学以外的其他在线教育的教育机构进行数据采样，这也是本研究的一个局限所在。

最后，由于本研究采用的是质性研究范式，研究结果受研究者本人研究水平和知识背景的影响较大，虽然采用了多种方法保证研究的效度，但是仍然无法完全消除由于研究者本人能力和水平问题为研究带来的局限性。如果能够采用混合式研究的方法，将质性研究与量化研究相结合，进一步进行大样本的问卷调查和统计分析，那么结论会更加可靠。

因此，本研究只是试图从某一个特定的视角对在线教育质量保障问题进行一定的探索，不是对这样一个深层次的复杂问题做出终结性的解释与回答。由于作者能力和水平所限，难免挂一漏万，本研究也旨在抛砖引玉，恳请读者和方家指正。

主要参考文献

中文部分

著作类

［1］ 陈向明．旅居者和“外国人”——留美中国学生跨文化人际交往研究［M］．北京：教育科学出版社，2004.

［2］ 陈丽．远程教育学基础［M］．北京：高等教育出版社，2004.

［3］ 陈玉琨．发展性教育质量保障的理论与操作［M］．北京：商务印书馆，2006.

［4］ ［澳大利亚］丹尼斯·克伯蒂克．远程教育质量保证［M］．侯建军，译，郭文革，审校．北京：中央广播电视大学出版社，2008.

［5］ 丁兴富．远程教育学［M］．北京：北京师范大学出版社，2001.

［6］ 丁兴富．远程教育研究［M］．北京：首都师范大学出版社，2002.

［7］ ［德］伍威·弗里克．质性研究导引［M］．孙进，译．重庆：重庆大学出版社，2011.

［8］ 顾明远．教育大辞典（增订合编本）［M］．上海：上海教育出版社，1998.

［9］ 汉语大词典编辑委员会．汉语大词典普及本［M］．上海：汉语大词典出版社，2000.

［10］ 刘广第．质量管理学［M］．北京：清华大学出版社，1996.

［11］ ［美］马修·B. 迈尔斯，［美］A. 迈克尔·休伯曼．质性资料的分析：方法与实践［M］．张芬芬，译，卢晖临，校．重庆：重庆大学出版社，2008.

［12］ 田恩舜．高等教育质量保证模式研究［M］．青岛：中国海洋大学出版社，2007.

论文类

［1］ 毕家驹．进入 21 世纪的英国高等教育质量保证体系［J］．交通高

教研究，2004(4)：10–13.
［2］ 丁兴富．远程教育质量保证国际比较研究及其主要结论——“远程教育质量保证及质量评估与认证国际比较研究”成果（1）［J］．中国远程教育，2005(2): 9–13，78.
［3］ 丁兴富，谢洵．英国开放大学的教学质量优于牛津大学？——英国高等教育质量评估及其对我国的启示［J］．电化教育研究，2006(1): 58–63.
［4］ 李汉邦，张循哲，罗伟青．“高等教育质量保障”与“高等教育质量保证”之概念辨析［J］．湘潭大学学报(哲学社会科学版)，2008(5):136–138, 153.
［5］ 苏秦．我国高等教育质量保证的体系结构［J］．高等工程教育研究，2001(2):48–50.
［6］ 王跃．中英远程教材编制的差异［J］．中国远程教育，2002(6): 34–37.
［7］ 吴文俊．1949 年以来我国高等教育质量保证体系的历史分析［J］．辽宁教育研究，2003(11)：24–27.
［8］ 徐辉富，魏志慧，李学书．开放大学五年：总结与反思——“开放大学建设进展与成效研讨会”综述［J］．开放教育研究，2017(6): 21–26.
［9］ 赵蒙成，周川．高等教育质量：概念与现实［J］．江苏高教，2000(2)：32–35.
［10］赵中建．高等教育全面质量管理的概念框架［J］．外国教育资料，1997(5)：37–42，50.

网站类

［1］ 2016 年度北京市教育委员会部门决算［EB/OL］．［2018-01-04］．http://zfxxgk. beijing. gov. cn/110003/zfxxgknb/2017-03/12/content_2aafa1d7ca464b85a039c6c79bbefeb6. shtml.
［2］ 北京市市级教育经费基本支出预算管理办法（2015)［EB/OL］．［2018-01-03］. http://www. bjcz. gov. cn/zwxx/tztg/t20150217_524028. htm.
［3］ 护士执业资格考试办法，卫生部，人力资源社会保障部令，第 74 号［EB/OL］．［2018-01-05］. http://www. gov. cn/flfg/2010-05/20/content_1609809. htm.

［4］ 教育部、国家统计局、财政部关于2016年全国教育经费执行情况统计公告［EB/OL］.［2018-01-03］. http://www. moe. edu. cn/srcsite/A05/s3040/201710/t20171025_317429. html.

［5］ 教育部我国高等教育2016年度各级各类学历教育学生情况统计［EB/OL］.［2017-11-17］. http://www. moe. gov. cn/s78/A03/moe_560/jytjsj_2016/2016_qg/201708/t20170823_311668. html.

［6］ 李福德，张凤茹 .“三思”而后行，让网络学习真正发生的十八法［EB/OL］.［2010-04-23］. http://www. edu. cn/xxh/focus/cio/200806/t20080619_303568_1. shtml.

［7］ 前程无忧招聘网［EB/OL］.［2018-01-05］. http://search.51job. com/list/010000,000000,0000,00,9,99,%25E6%258A%25A4%25E5%25A3%25AB, 2,1. html?lang=c&stype=1&postchannel=0000&workyear=01&cotype=99&degreefrom=04&jobterm=99&companysize=99&lonlat=0%2C0&radius=-1&ord_field=0&confirmdate=9&fromType=7&dibiaoid=0&address=&line=&specialarea=00&from=&welfare= 2018-01-05.

［8］ 卫生技术人员职务试行条例，职改字〔1986〕第20号，中央职称改革工作领导小组于1986年3月15日转发并实施［EB/OL］.［2018-01-05］. https://baike. baidu. com/item/%E5%8D%AB%E7%94%9F%E6%8A%80%E6%9C%AF%E4%BA%BA%E5%91%98%E8%81%8C%E5%8A%A1%E8%AF%95%E8%A1%8C%E6%9D%A1%E4%BE%8B/12797597?fr=aladdin.

［9］ 智联招聘网［EB/OL］.［2018-01-05］. https://sou. zhaopin. com/jobs/searchresult. ashx?jl=%E5%8C%97%E4%BA%AC&kw=%E6%8A%A4%E5%A3%AB&sm=0&isfilter=1&p=1&el=4.

英文部分

著作类

[1] HOLMBERG B. Theory and Pracitice of Distance Education. [M]. New York: Routledge, 1995.

[2] PERRY W. The Open University—History and Evaluation of a Dynamic Innovation in Higher Education[M]. Milton Keynes: The Open University Press, 1977.

论文类

SIMPSON O. Student Retention in Distance Education: Are We Failing Our Students?[J]. *Open Learning: The Journal of Open, Distance and e-learning,* 2013,28(2):105-119.

毕业论文类

RILEY J. The Preparation of Teaching in Higher Education: A Study of the Preparation of Teaching Materials at the Open University[D]. University of Sussex.1983.

报告类

[1] BOLTON G. Module Specification for A112 Turning Points in Culture[R]. Milton Keynes: The Open University, 2017.

[2] Higher Education Review of The Open University[R]. Gloucester: The Quality Assurance Agency for Higher Education, 2015.

[3] HUTCHINSON S. Module Team Chair Role, The Curriculum Management Guide: A Guide to the Production and Presentation of Programmes. Qualifications and Modules in the OU. [R]. Milton Keynes: The Open University, 2016.

[4] National Student Survey 2016:Summary of Results for The Open University Relative to the of the HE Sector[R]. Milton Keynes: The Open University, 2016.

[5] Open University Facts and Figures[R]. Milton Keynes: The Open University, 2017.

[6] RONALD A. Assuring Quality in Distance Learning: A Preliminary Review[R]. Washington: Council for Higher Education Accreditation, 1998.

[7] The UK Quality Code for Higher Education, Overview and the Expectations[R]. Gloucester: The Quality Assurance Agency for Higher Education, 2015.

[8] THOMPSON E. Production Module Teams, The Curriculum Management Guide: A Guide to the Production and Presentation of Programmes. Qualifications and Modules in the OU[R]. Milton Keynes: The Open University, 2016.

网站类

[1] About National Student Survey(NSS)[EB/OL]. [2017-10-22]. http://www. thestudentsurvey. com/about. phd/.

[2] Annual Funding Allocations 2017-18[EB/OL]. [2017-10-21]. http://www. hefce. ac. uk/funding/annallocns/1718/.

[3] Annual Reports and Financial statement. [EB/OL]. [2018-08-20]. http://www. open. ac. uk/about/main/strategy-and-policies/annual-reports.

[4] CHUNG H J. The Nature of the Course Team Approach at the UK Open University[EB/OL]. [2018-11-10]. http://oro. open. ac. uk/54854/1/340787. pdf.

[5] DIMPSON O.22%-Can We Do Better?——The CWP Retention Litrature Review Final Report[R/OL]. [2018-10-19]. http://www.94669. mrsite. com/USERIMAGES/Retention%20lite rapture%20review. pdf.

[6] Facts and Figures[EB/OL]. [2018-10-20]. http://www. open. ac. uk/about/main/strategy-and-policies/facts-and-figures.

[7] Financial Statements[EB/OL]. [2018-10-20]. http://www. opent. ac. uk/foi/main/sites/www. open. ac. uk. foi.main/files/files/ecms/web-content/Financial_Statements_2015_16_pdf.pdf.

[8] OU Surveys[EB/OL]. [2018-09-23]. http://www. open. ac. uk/student-surveys/ou-surveys.

[9] REF 2014 Results: Table of Excellence[EB/OL]. [2017-08-26]. http://www. timeshighereducation. com/news/ref-2014-results-table-of-excellence/2017590. article/.

[10] The Open University Charter and Statutes[EB/OL]. [2017-10-12]. http://www. open. ac. uk/foi-doce/charter. doc.18/.

索　　引

后　记

时光荏苒，日月如梭，回顾自己对于在线教育质量保障这个主题的研究历程，从2008年算起，至今已经十载。博士毕业后，从在线教育领域进入职业与成人教育，虽然研究领域有所偏移，但对于质量保障这个主题从未远离。提高在线教育的质量和声誉，开发符合在职成人学习者需要的课程，让在线课程的内容与学习者的工作需要建立密切联系，帮助他们通过在线学习获得成长，是我一直以来的研究领域和追求。

如果用一句话来回答如何保障在线教育的质量，我想最贴切的四个字莫过于“不忘初心”。无论是在中国还是英国，在线教育的核心价值都在于社会公平和机会均等。回顾远程教育的发展，从函授到广播电视再到在线，尽管随着技术的发展，它的形态发生了很大的变化，但是远程教育的初衷一直都是为民众提供更多的教育机会，推动社会公平。所以如想让它的质量好，就需要国家和社会的投入，把它作为一项教育领域的公益事业来做。无论是从我国在线教育20年来的发展还是自2012年以来英国开放大学的危机来看，一旦国家投入和拨款缺位，它一定会面临很大的问题。

此外，在线教育的对象大多是在职成人学习者，他们有着不同于青年学生群体的需求，在线教育的质量标准是否要与普通高校一致也是一个两难的问题。英国开放大学50年来坚持选择质量完全相同，但我国在线教育专业人员认为在线教育应该有自己的质量标准。我的观点是应该多种标准并存，把选择权交给在线教育机构和学习者。我们需要做的是建立一个在线教育的质量谱系及评价机制，让院校自己选择与普通高校质量相同还是设立单独的质量标准，无论何种选择，都应有相应的认证和评价机制，定期评审，并将结果向社会公开。

我支持在线教育应该设立自己的质量标准，但这个标准和普通高校的学术标准是何种关系，采用学科逻辑还是工作逻辑，如何能够在学科如此发达和壁垒森严的学术丛林中获得学术界的认同，如何在学术世界和工作世界架起一座桥梁，恐怕还有很长的路要走。2015年，我作为访问学者赴德国不来梅大学，希望从职业教育和工作场所学习的领域寻找这个问题的答案，查阅了大量的德文和英文资料之后，我发现这是一个在世界范围内普遍存在的难题，尽管有所进展，但是仍然没有找到适合在线教育的完美答案，相关的研究工作还在进行中。

本书有幸得到北京师范大学教育学部资助，为了完成写作工作，我补充完善了访谈和数据资料，对相关资料做了更新。感谢英国开放大学的马克·安蒂（Mark Endean）教授帮我对英国的数据进行了核对，赴英国开放大学进行学术访问的赵宏老师帮我提供了最新的资料。感谢我的博士生导师陈丽教授和我的英国导师斯蒂芬·斯威森比（Steven Swithenby）教授，这本书中很多内容都凝聚着两位导师的教诲与心血。感谢热情接受我访谈的 49 位中英两国的受访者，虽然我无法在论文中列出他们的真实姓名，但是每当我重听录音，查看数据时，当时的访谈情景总是浮现在眼前，衷心地感谢他们，没有他们的支持，同样也就没有这项研究。

感谢北京师范大学职业与成人教育研究所和远程教育研究中心的所有老师和同学，在这个大家庭里，我时时感受到你们的支持与帮助，能够有机会和你们一起学习、成长，讨论学术问题是我一生中最为宝贵的财富。

特别感谢曲恒昌老师、郭法奇老师、郑勤华老师、冯晓英老师、李爽老师、陈青老师、周慧梅老师、刘永权老师、孙宝芝老师、孙月亚老师在书稿撰写过程中给予我的支持和帮助，感谢我的学生朱晓琳同学帮我完成了部分书稿的校对工作。

感谢我的家人，特别是我的爱人和母亲，多年来一直默默地支持我的科研之路，特别是在写作期间，帮我承担了大部分家务，为我创造了良好的写作环境。

白滨

2018 年 10 月 7 日

于北京师范大学图书馆